Do homem a Deus

Omraam Mikhaël Aïvanhov

Do homem a Deus

sephiroth e hierarquias angélicas

Tradução
Elena Gaidano

Revisão técnica
Laura Uplinger

Coleção Izvor

CIP-BRASIL. CATALOGAÇÃO-NA-FONTE
SINDICATO NACIONAL DOS EDITORES DE LIVROS, RJ

A258d

Aïvanhov, Omraam Mikhaël, 1900-1986
Do homem a Deus: sephiroth e hierarquias angélicas / Omraam Mikhaël Aïvanhov; tradução: Elena Gaidano; revisão técnica: Laura Uplinger. – Rio de Janeiro: Nova Era, 2010.
-(Izvor)

Tradução de: De l'homme à Dieu
ISBN 978-85-7701-311-1

1. Cabala. 2. Árvore da Vida. 3. Deus. 4. Anjos. I. Título. II. Série.

09-5979 CDD: 135.47
CDU: 133.5

Texto revisado segundo o novo Acordo Ortográfico da Língua Portuguesa.

Título original francês:
DE L'HOMME À DIEU

Adaptação de capa: Sense Design
Editoração eletrônica: Abreu's System
Adaptação de ilustração do miolo: Igor Campos

Publicado mediante acordo com Éditions Prosveta S.A.

Impresso no Brasil

ISBN 978-85-7701-311-1

Como o ensinamento do Mestre Omraam Mikhaël Aïvanhov é estritamente oral, esta obra, dedicada a um tema específico, foi redigida a partir de conferências improvisadas.

SUMÁRIO

I

DO HOMEM A DEUS: A NOÇÃO DE HIERARQUIA

Os humanos parecem frequentemente ser barcos à deriva. Felizmente, possuem algumas regras, alguns quadros que lhes são dados pela família, os estudos, a profissão, a vida social, mas, internamente, muitos são como embarcações lançadas ao mar aberto sem bússola nem carta de navegação. Vocês dirão que alguns têm a religião... Pois é, a religião ajudaria muito os seres humanos se os que a representam se preocupassem realmente em transmitir aos demais um sistema coerente a partir do qual pudessem organizar sua vida interior. Mas não quero criticar as igrejas e o clero, muitos já o fizeram, e melhor que eu. O que quero é dar a vocês métodos que permitem alcançar o objetivo de toda religião: estabelecer um vínculo com Deus.

Sim, quantas vezes ouvimos que a palavra religião vem do latim "religare": religar! A religião é aquilo que reúne o homem com Deus. Mas qual é a ideia que se tem de Deus e como esse vínculo pode ser estabelecido? Vocês dirão: "É fácil, nos unimos a Deus é pela oração." Ah! Se fosse tão simples! Como se bastasse dizer: "Meu Deus... Senhor Deus..." para entrar em contato com Ele![1]

Para ter a pretensão de alcançar diretamente o Senhor, é realmente preciso não saber quem Ele é! Não digo que não se consiga atingir algo Dele, mas, de qualquer forma, certamente não é Ele em pessoa. Tomemos um exemplo bem simples. Vocês têm uma carta para enviar... Ela vai passar necessariamente por intermediários: o empregado dos correios que põe nela um carimbo, os encarregados de encaminhá-la pelas estradas, por trem, navio ou avião. Quando ela chega por fim ao seu destino, às vezes depois de uns dez dias, é o carteiro que a distribui: ele a coloca no escaninho do correio ou, então, deixa-a com o porteiro, que se encarrega de entregá-la. E, se vocês escreverem para uma pessoa de alto escalão, um monarca, um presidente da república ou um ministro, então, ela vai passar pelas mãos de secretários que a transmitirão... ou não a transmitirão, pois se o conteúdo de sua carta não tiver uma importância capital, ela não chegará até o seu destinatário; será lida meramente por um colaborador, que então a responderá.

É assim que as coisas acontecem na Terra. Portanto, aquele que imagina que, quando se dirige ao

Senhor, sua mensagem ou sua oração irá alcançá-Lo diretamente, é pura e simplesmente um ignorante. Na Terra, é impossível dirigir-se a uma figura importante sem passar por intermediários. O homem porém imagina que o Senhor, sim, ele o atingirá diretamente! Porque o Senhor, vocês sabem, é um cara muito bonzinho, muito acessível, pode-se dar-Lhe um tapinha no ombro, umas puxadas na barba Dele, Ele ouve todas as queixas, todas as reclamações, e é Ele pessoalmente quem responde... O que há com todos esses ignorantes que acreditam que seus pensamentos e suas palavras chegarão diretamente até Deus e que Ele virá especialmente para cuidar deles? Ele está sozinho no Céu, vocês entendem, Ele não tem ajudantes, Ele não tem mão de obra para executar o trabalho, é Ele que tem de fazer tudo, tudo. E foi até Ele sozinho que, outrora, empenhou-se para criar o mundo em seis dias. Coitado, que trabalhão! Não havia ninguém para ajudá-Lo.

Na Terra, qualquer patrão de alguma importância tem uma ou várias secretárias e uma equipe de operários; mas o Senhor, não, Ele deve executar todo o trabalho e qualquer um pode lidar diretamente com Ele. Alguns chegam até a dizer que conversam com Deus e Deus lhes responde. Ou, às vezes, é o contrário: Deus fala com eles e eles é que Lhe respondem! Coitados, se as coisas tivessem ocorrido como imaginam, eles teriam sido fulminados, pulverizados, há muito tempo, e não sobraria sequer um ínfimo vestígio deles. Deus é uma energia de potência indescritível; nenhum ser humano jamais pôde tocá-Lo, nem ouvi-Lo, nem vê-Lo. Vocês dirão que Abraão, Moisés e os profetas de Israel falaram com Deus. Sim. O Antigo Testamento está repleto de diálogos assim, mas, na realidade, trata-se apenas de um modo figurado de apresentar as coisas...[2]

Uma imagem que pode nos fornecer uma ideia aproximada de Deus é a da eletricidade. Utilizamos a eletricidade para nos iluminar, aquecer e fazer funcionar todo tipo de aparelhos. O que não funciona com eletricidade nas casas, nas fábricas e nas cidades? Mas vocês sabem quantas precauções é preciso tomar para não provocar curtos-circuitos e acidentes como incêndios ou eletrocussões, por exemplo. Um contato direto com a eletricidade pode ser fatal, pois ela é uma energia de prodigiosa potência. Para que ela chegue até nós e possamos utilizá-la com menos riscos, é necessário atenuar seu formidável poder por meio de transformadores e, depois, adaptá-la através de circuitos quase sempre muito complicados. Pois bem, a mesma coisa acontece com Deus. Ele é comparável à eletricidade pura que não pode descer até nós a não ser por meio de transformadores. Estes são as inúmeras entidades luminosas que povoam os céus e que a tradição chamou de hierarquias angélicas. É por meio delas que recebemos a luz divina, e através delas é que conseguimos estabelecer uma relação com Deus.

Sim, o que é preciso saber é o seguinte: entre nós e o Senhor há todo um caminho a ser percorrido, um espaço tão vasto que é impossível concebê-lo. E esse espaço não é vazio, ele é composto por regiões habitadas por entidades espirituais. Todas as religiões mencionaram, de um modo ou de outro, a existência dessas regiões e dessas entidades. A meu ver, a tradição judaica foi a que lhes atribuiu noções mais precisas, mais claras. E o cristianismo, bem como o islã, herdaram em parte essas noções.

Os seres humanos agem, na maioria, como se fossem as únicas criaturas realmente evoluídas. Abaixo deles, há os animais, as plantas, as pedras e, acima, em algum lugar bem distante, está o Senhor... e isso quando acreditam Nele! As pessoas ignoram a existência de todos esses seres que nos vinculam ao Senhor. Ou, mesmo tendo ouvido falar, pensam neles raramente, e não procuram estabelecer ligações com eles. Os católicos e os ortodoxos recorrem aos santos; é bom, mas até mesmo os maiores santos são apenas seres humanos e o culto em torno deles lembra muito os cultos pagãos: para achar um objeto perdido, roga-se a Santo Antônio de Pádua; para evitar um acidente de carro, apela-se a São Cristóvão... Todos os santos do calendário, ou quase todos, têm uma função específica, e um número incalculável de Nossas Senhoras é invocado para obter a cura, a proteção, o nascimento de uma criança, a abundância das colheitas, o retorno do marido ou da esposa infiel etc. Os cristãos tendem a menosprezar as religiões politeístas e sua multidão de divindades sem perceberem que, de certo modo, eles também possuem um verdadeiro panteão.

Esse hábito de invocar entidades espirituais às quais se atribuem diferentes poderes provém de uma antiguidade remota, e os cristãos simplesmente o retomaram e deram continuidade. Esse fato demonstra bem que, mesmo para eles, Deus está tão longe que precisam recorrer a intermediários. Por isso é importante conhecer melhor a existência das hierarquias angélicas, o que elas são, como elas se situam e quais os seus poderes.

O Gênesis menciona um símbolo da hierarquia angélica que estabelece o vínculo entre o homem e Deus: a escada de Jacó.

> Jacó [...] chegou a um lugar onde passou a noite, porque o sol já se havia posto; e, tomando uma das pedras do lugar e pondo-a debaixo da cabeça, deitou-se ali para dormir. Então sonhou: estava posta sobre a terra uma escada, cujo topo chegava ao céu; e eis que os anjos de Deus subiam e desciam por ela; acima dela estava o Senhor...

A escada – ou escala – é uma imagem interessante a ser estudada, já que ela não somente expressa a ideia de intermediação entre o baixo e o alto, mas também a de hierarquia: fala-se em "escala social" para expressar a hierarquia das situações que os seres humanos ocupam uns em relação aos outros. Fala-se de escala de valores, escala cromática... A vida inteira está aí para demonstrar a necessidade de uma escada... nem que seja para subir num telhado! Vocês dirão que há outros meios. Sim, mas os outros meios serão sempre equivalentes à escada.

A tradição cristã, que retoma a tradição judaica, ensina que existem nove ordens angélicas: os Anjos, os Arcanjos, os Principados, as Virtudes, as Potestades, as Dominações, os Tronos, os Querubins e os Serafins. Cada uma dessas ordens angélicas é um aspecto do poder e das virtudes divinas, mas, sobretudo, elas representam noções mais acessíveis para nós do que a palavra "Deus". Para o nosso bom desenvolvimento espiritual, é preciso que conheçamos a existência dessas entidades que estão acima de nós, já que elas são para nós como faróis iluminando nossa estrada.

Evidentemente, vocês sempre poderão dirigir-se a Deus, porém sabendo que jamais O atingirão diretamente. Os servidores Dele vão transmitir-Lhe seus desejos, suas orações... ou, talvez, não os transmitam: muitos pedidos não chegam ao seu destino porque, no caminho, há entidades que fazem uma triagem. Elas olham e dizem: "Não é necessário levar pedidos assim até Deus, Ele tem mais a fazer do que escutar esse tipo de reclamação. Então, já para o lixo!"

E também não imaginem que será Deus em pessoa que virá visitar vocês. Talvez um arcanjo venha trazer-lhes uma mensagem, um átomo de luz, o que já será algo imenso. Quem somos nós para que Deus, Mestre dos mundos, se incomode?... Inclusive, nós não resistiríamos às poderosas vibrações de Sua presença. Está escrito nos Salmos que até "os montes, como cera, se derretem, na presença do Senhor." As ordens angélicas são os transformadores que filtram essa potência para que ela possa chegar até nós sem nos pulverizar.

Pois é, que isto fique bem claro. Vocês podem, claro, dirigir-se diretamente ao Senhor; eu também o faço; porém, sabendo que são outros que transportarão seus pedidos e que se eles não forem puros e desinteressados, serão jogados no lixo e vocês nunca receberão uma resposta. É melhor saber de antemão como são as coisas para não enganar-se e esperar inutilmente. Tudo o que nós podemos receber de Deus é um raio, um eflúvio que vem de longe, de muito longe, e que desce através das hierarquias angélicas. É sempre Deus quem nos responde, pois Deus está em todos os níveis da criação, mas Ele nunca nos responde diretamente.

Notas

1. Cf. *La prière* [A oração], Brochura nº 305.
2. Cf. *La pierre philosophale – des Évangiles aux traités alchimiques* [A pedra filosofal – dos Evangelhos aos tratados alquímicos], Col. Izvor nº 241, cap. 1-2: "La parole de Dieu" [A palavra de Deus].

II

APRESENTAÇÃO DA ÁRVORE SEFIRÓTICA

A RELIGIÃO FORNECE ALGUNS meios para aqueles que sentem a necessidade de se aproximarem do Criador, de penetrar em sua imensidão: a oração, a participação nos ofícios religiosos, a obediência a determinadas regras. Isso é bom, mas é insuficiente. Para aproximar-se de Deus, não basta sentir emoções místicas e respeitar regras, é necessário aprofundar um sistema de explicação do mundo.

Muito cedo, eu quis encontrar um tal sistema e procurei em todas as direções. Estudei aquilo que as grandes religiões da humanidade ensinam e encontrei o sistema que me pareceu ser melhor – o mais amplo e ao mesmo tempo o mais preciso – na tradição judaica, na Cabala: a Árvore sefirótica, a Árvore da Vida. Não digo que as outras doutrinas sejam ruins ou falsas, mas as noções que elas oferecem permanecem esparsas, não expõem uma visão tão profunda, estruturada e sintética. A Árvore sefirótica é verdadeiramente uma síntese do universo e é, para mim, a chave que possibilita decifrar os mistérios da criação. Ela se apresenta como um esquema muito simples, mas seu conteúdo é inesgotável. E, inclusive, muitos episódios do Antigo e do Novo Testamentos só podem ser interpretados à luz da Árvore sefirótica.

Os cabalistas dividem o universo em dez regiões ou sephiroth, que correspondem aos dez primeiros números (a palavra *sephira*, no plural, *sephiroth*, significa numeração). Cada sephira é identificada por cinco nomes: o nome de Deus, o nome da própria sephira, o nome do príncipe da ordem angélica, o da ordem angélica e, por fim, o de um planeta.*

Trata-se, portanto, de cinco planos distintos, e vocês compreenderão melhor sua natureza sabendo que é possível estabelecer uma correspondência entre esses diferentes planos e os cinco princípios no homem, que são: o espírito, a alma, o intelecto, o coração e o corpo físico. Deus corresponde ao espírito, a sephira, à alma, o príncipe da ordem angélica, ao intelecto, a ordem angélica, ao coração e o planeta, ao corpo físico.

Portanto, cada sephira é, uma região habitada por uma ordem de espíritos luminosos encabeçados por um arcanjo, ele próprio submetido a Deus. É Deus quem dirige essas dez regiões, mas sob um nome di-

---

* O encarte possibilita consultar a qualquer momento o esquema detalhado da Árvore sefirótica.

ferente em cada região. Esse é o motivo pelo qual a Cabala atribui dez nomes a Deus. Esses dez nomes correspondem a diferentes atributos. Deus é um, mas Ele se manifesta diferentemente segundo as regiões. Trata-se sempre do mesmo Deus único, mas mostrado sob dez aspectos distintos, e nenhum desses aspectos é inferior ou superior aos outros.

Os dez nomes de Deus são:

- *Ehieh*
- *Iah*
- *Jehovah*
- *El*
- *Elohim Guibor*
- *Eloha vaDaath*
- *Jehovah Tsebaoth*
- *Elohim Tsebaoth*
- *Chadai El Hai*
- *Adonai Meleh**

As dez sephiroth são:

- *Kether*: a Coroa
- *Hohmah:* a Sabedoria
- *Binah:* a Inteligência
- *Hessed:* a Misericórdia
- *Gueburah:* a Força
- *Tiphereth:* a Beleza
- *Netsah:* a Vitória
- *Hod:* a Glória
- *Iesod:* o Fundamento
- *Malhouth:* o Reino

Os chefes das ordens angélicas são:

- *Metatron:* que compartilha o Trono
- *Raziel:* segredo de Deus
- *Tsaphkiel:* contemplação de Deus

---

* Para o significado desses nomes, ver o Capítulo IV.

- *Tsadkiel:* justiça de Deus
- *Kamael:* desejo de Deus
- *Mikhael:* que é como Deus
- *Haniel:* graça de Deus
- *Rafael:* cura de Deus
- *Gabriel:* força de Deus
- *Uriel:* Deus é minha luz, ou então *Sandalfon*, que é interpretado como a força que une a matéria à forma

As ordens angélicas são:
- *Os Hayoth haKodesch:* os Animais de santidade ou, na religião cristã, os Serafins
- *Os Ophanim:* as Rodas, ou Querubins
- *Os Aralim:* os Leões, ou Tronos
- *Os Haschmalim:* os Resplandecentes, ou Dominações
- *Os Seraphim:* os Inflamados, ou Potestades
- *Os Malahim:* os Reis, ou Virtudes
- *Os Elohim:* os Deuses, ou Principados
- *Os Bnei Elohim:* os Filhos de Deus, ou Arcanjos
- *Os Kerubim:* os Fortes, ou Anjos
- *Os Ischim:* os Homens, ou a Comunhão dos Santos

Por fim, os corpos cósmicos ou os planetas que correspondem ao plano físico são:
- *Reschith haGalgalim:* os primeiros turbilhões
- *Mazaloth:* o Zodíaco
- *Chabtai:* Saturno

- *Tsedek:* Júpiter
- *Madim:* Marte
- *Chemesch:* o Sol
- *Noga:* Vênus
- *Kohave:* Mercúrio
- *Levana:* a Lua
- *Aretz:* a Terra, ou *Olam Iesodoth*, isto é, o mundo dos fundamentos

Os antigos, que conheciam somente sete planetas, não colocavam Urano, Netuno e nem Plutão na Árvore sefirótica. Faziam corresponder a *Kether* as nebulosas, os primeiros turbilhões: *Reschith haGalgalim; e a Hohmah*, o Zodíaco: *Mazaloth.* Pode-se conservar essa atribuição, mas também é possível situar Urano ao nível de *Hohmah*, Plutão ao nível de *Daath** e Netuno ao nível de *Kether.*

Se os cabalistas chamaram a esta figura de Árvore da Vida, é porque o conjunto formado pelas sephiroth deve ser compreendido considerando-se justamente a imagem da árvore.

Como é feita uma árvore? Ela tem raízes, um tronco, galhos, folhas, flores e frutos, todos solidários uns com os outros. Da mesma maneira, as sephiroth são interligadas entre si por 22 vias de comunicação

---

* No que diz respeito à sephira *Daath*, ver páginas 26 e 92.

chamadas "caminhos". Esses caminhos são designados pelas 22 letras do alfabeto hebraico:

א	Aleph	ל	Lamed
ב	Beth	מ	Mem
ג	Guimel	נ	Nun
ד	Daleth	ס	Samesch
ה	He	ע	Ain
ו	Vav	פ	Pe
ז	Zain	צ	Tsade
ח	Heth	ק	Qof
ט	Teth	ר	Resch
י	Iod	ש	Shin
כ	Kaf	ת	Tav*

Os 22 caminhos e as dez sephiroth são chamados as 32 vias da sabedoria, simbolicamente situadas em *Hohmah*. Vocês compreenderão melhor a natureza e a função desses 32 caminhos se procurarem estabelecer uma relação com o fato de que temos 32 dentes. Inclusive, não costumamos falar em "dentes de siso"? Temos 32 dentes para mastigar o alimento, e os 32 caminhos são também, de certo modo, os dentes graças aos quais nós mastigamos os alimentos psíquicos

---

* O encarte com o esquema da Árvore sefirótica é acompanhado de um quadro onde os nomes mencionados acima estão escritos em caracteres hebraicos.

e espirituais que recebemos a cada dia. É através dessa mastigação que conseguimos adquirir sabedoria. Tornar-se sábio é mastigar as experiências que vivemos diariamente para extrair delas o sumo alimentício.

As 32 vias da sabedoria ligam as dez sephiroth, cada uma delas com suas cinco divisões, e é por isso que a Cabala diz que elas levam às cinquenta portas da Inteligência, atribuídas simbolicamente à sephira *Binah.* Para abrir portas, é necessário possuir chaves. E a verdadeira chave, na Ciência Iniciática, é o conhecimento do próprio homem. O Iniciado pode conhecer tudo porque ele se conhece. Em determinadas representações, como certos afrescos egípcios, o Iniciado segura na mão uma espécie de chave cuja forma é idêntica ao símbolo de Vênus ♀. Esse símbolo representa esquematicamente o ser humano com a cabeça, os braços abertos e as pernas juntas. O Iniciado possui a chave para o autoconhecimento e, ao se conhecer, ele conhece todo o universo e pode abrir as portas de todas as regiões.[1]

Vocês certamente estão se perguntando: “Por que dez sephiroth? O universo é realmente dividido em dez regiões?” Não, e há, a esse respeito, um ponto importante que precisamos compreender. A Árvore sefirótica não tem o propósito de ensinar-nos astronomia nem cosmologia. Na realidade, ninguém pode dizer exatamente o que é o universo, nem como foi criado. A Árvore sefirótica representa um sistema de explicação do mundo que é de natureza mística. Suas bases remontam a milênios. Os espíritos excepcionais que a conceberam evidentemente não dispunham de telescópios e nem mesmo de lunetas astronômicas. Pela meditação e pela contemplação, graças a uma vida interior intensa, eles conseguiram captar uma realidade cósmica que traduziram com o auxílio de imagens e de contos simbólicos. Essa tradição, sempre retomada, perene objeto de meditação no decorrer dos séculos, é que chegou até nós nos seus aspectos essenciais. A Árvore sefirótica, portanto, não é uma descrição exata do nosso universo, o que explica a ausência de certos planetas, a posição atribuída ao Sol etc.

Mas, voltemos às dez sephiroth. Por que dez? Porque este número representa uma totalidade, um conjunto finito. Sephira, como eu já disse, significa numeração. É a partir dos primeiros dez números que todas as combinações numéricas se tornam possíveis. Deus criou inicialmente dez números, as dez sephiroth, e com esses dez números Ele pode criar outros números, isto é, existências ao infinito.

Os cabalistas mencionam, embora muito raramente, uma 11ª sephira: *Daath*, cujo nome significa "o saber". Eles a situam entre *Kether* e *Tiphereth*, mas geralmente ela não aparece nas representações da Árvore sefirótica.

Este quadro das sephiroth, como vocês podem ver, representa somente os poderes do bem. Para o seu aperfeiçoamento, vocês devem estudar unicamente esses, é neles que devem se concentrar. Mas a verdade é que a Cabala menciona também dez sephiroth tenebrosas, chamadas *kliphoth* e que representam o reflexo invertido das sephiroth divinas, exatamente como o diabo é o reflexo invertido de Deus. Essas sephiroth maléficas também possuem os seus nomes, as suas hierarquias espirituais, mas não entrarei nesses detalhes; não quero pronunciar esses nomes, porque não quero me vincular a elas.

Por fim, para além da sephira *Kether*, os cabalistas situam uma região que chamam de *Ain Soph Aur*: luz sem fim, que é a região do Absoluto, de Deus não manifestado.

Para os cabalistas, o universo constitui uma unidade cuja expressão perfeita é a Árvore sefirótica. Entretanto, eles distinguem diversas regiões dentro dessa unidade.

Uma primeira divisão faz surgir 4 planos.

De cima para baixo, eles são:

- *Olam Atsiluth* ou mundo das emanações, formado pelas sephiroth *Kether*, *Hohmah* e *Binah*.
- *Olam Briah* ou mundo da criação, formado pelas sephiroth *Hessed*, *Gueburah*, *Tiphereth*.
- *Olam Ietsirah* ou mundo da formação, composto das sephiroth *Netsah*, *Hod*, *Iesod*.
- *Olam Assiah* ou mundo da ação, formado unicamente da sephira *Malhouth*.

Aí, mais uma vez, entre o mundo de cima e o de baixo, existe uma hierarquização que também encontra correspondência no ser humano.

- A *Olam Atsiluth* corresponde *Neschamah,* isto é, o plano divino da alma e do espírito.
- A *Olam Briah* corresponde *Ruah,* isto é, o plano mental, o intelecto.
- A *Olam Ietsirah* corresponde *Nephesch,* isto é, o plano astral, o coração.
- A *Olam Assiah* corresponde *Gouph,* o corpo físico.

Uma outra repartição, vertical, desta vez, faz aparecer três pilares.

- À direita, o pilar da Misericórdia, chamado Yakin, que é uma potência positiva e ativa, e abrange as sephiroth *Hohmah, Hessed* e *Netsah.*
- À esquerda, o pilar da Severidade, chamado Boaz, que é uma potência feminina e passiva, e que abrange as sephiroth *Binah, Gueburah* e *Hod.*
- E, por fim, o pilar central, que equilibra os outros dois, é composto das sephiroth *Kether, Daath, Tiphereth, Iesod* e *Malhouth.*

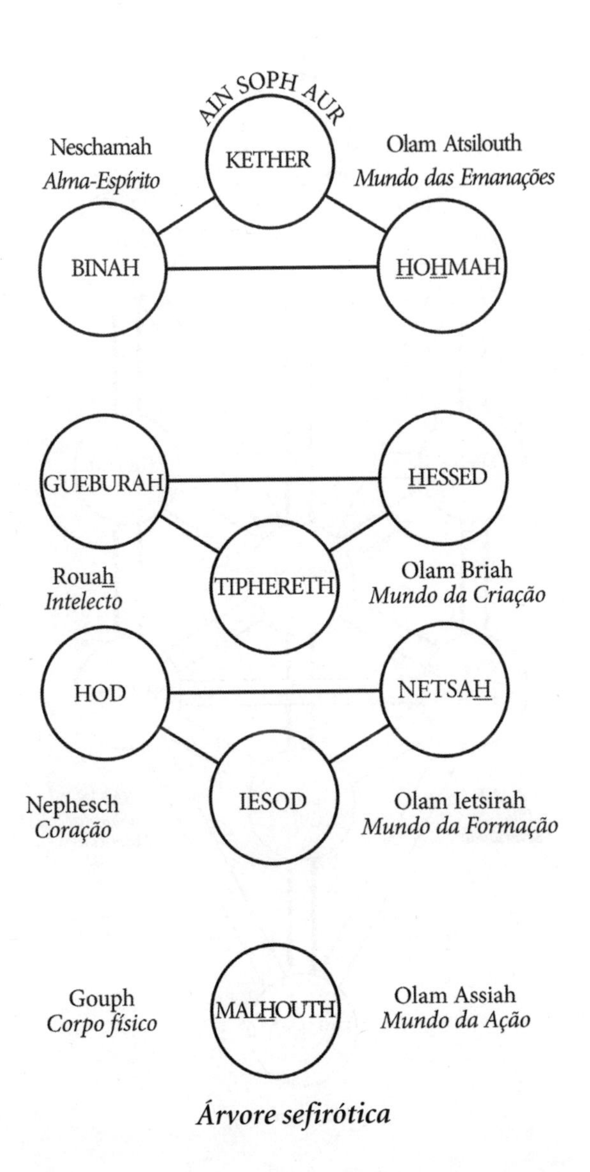

Árvore sefirótica

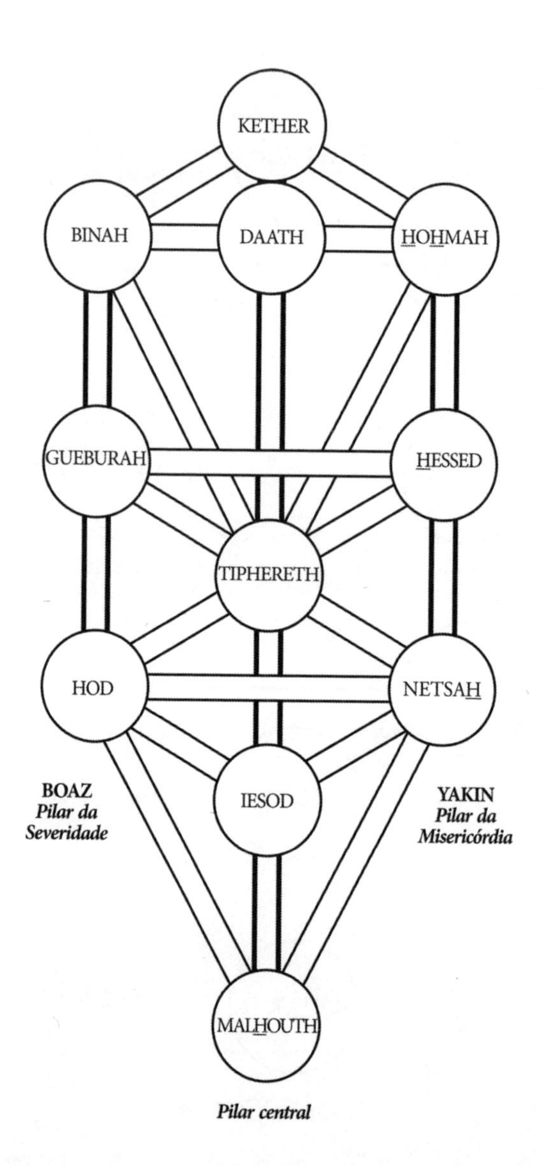
KETHER
BINAH
DAATH
HOHMAH
GUEBURAH
HESSED
TIPHERETH
HOD
NETSAH
IESOD
MALHOUTH
BOAZ
Pilar da
Severidade
YAKIN
Pilar da
Misericórdia
Pilar central

Essa divisão expressa a noção que o universo é governado pelos dois princípios antagônicos do masculino e do feminino, da atração e da repulsão, do amor e do ódio, da misericórdia e da severidade e que, para se harmonizarem, essas potências devem se encontrar no centro.

Pronto, agora, vocês dispõem dos elementos essenciais da Árvore sefirótica. O que farão com isso?... É uma grave responsabilidade para um Instrutor a de fazer com que seres humanos ingressem no santuário da Divindade, pois ele sabe que pouquíssimas pessoas estão prontas compreender essas noções e para utilizá-las corretamente. Sem falar daqueles que as colocarão a serviço de práticas mágicas absolutamente repreensíveis; muitos, por não se darem conta do seu caráter sagrado, vão logo imaginar que poderão passear no meio desses nomes como se passeia num parque público fazendo malabarismos com as sephiroth como se fossem bolas. Para tirar grandes elucidações desses conhecimentos, é preciso abordá-los com muita humildade e respeito.

Portanto, não basta ler duas ou três vezes esse quadro e gravar os nomes para mencioná-los de vez em quando durante uma conversa. Para que se transforme na base de um verdadeiro trabalho espiritual, a Árvore sefirótica deve ser objeto de meditação permanente. Tentem assimilar lentamente essas noções, digeri-las... E não se espantem ao ouvir-me empregar termos que pertencem ao âmbito da nutrição. Essa meditação sobre a Árvore sefirótica pode justamente ser comparada com a nutrição. A cada dia vocês comem para se manterem saudáveis; entre um grande número de alimentos escolhem alguns e nem sempre os mesmos de um dia para o outro. Na Árvore sefirótica, vocês também descobrirão uma imensa variedade de "alimentos", pois ela é um reflexo do universo.[2] A religião e a filosofia estão representadas nela, é claro, bem como a moral, a verdadeira, e também as ciências e as artes: cabe a vocês aprenderem a alimentar-se dela todos os dias.

É bem verdade que muitos santos e místicos conseguiram progredir espiritualmente sem conhecer a Árvore sefirótica, mas o fato de conhecê-la fornece uma visão mais clara do trabalho a ser realizado e esse método pode acompanhar vocês durante toda sua existência. Nenhum quadro supera a Árvore da Vida. Sigam-na e seu pensamento deixará de vagar a esmo, e vocês receberão bênçãos conforme aprenderem a se exercitar e avançar por essa via. Ao retornar frequentemente à Árvore sefirótica, vocês acenderão luzes dentro de vocês, e essas luzes não somente os iluminarão, mas também os purificarão, lhes darão forças, tornarão vocês mais vivos e mais belos. É possível que nunca venham a compreender perfeitamente essa figura e nem consigam realizar as virtudes e potências que ela representa. Mas ela estará aí como a representação de um mundo ideal, sempre puxando vocês para cima.

Notas

1. Cf. *La Balance cosmique – le nombre 2* [A Balança cósmica – o número 2], Col. Izvor nº 237, cap. XIII: "La clé et la serrure" [A chave e a fechadura].
2. Cf. *Harmonie et santé* [Harmonia e saúde], Col. Izvor nº 225, cap. VII: "La nutrition dans les différents plans." [A nutrição nos diferentes planos.]

III

AS HIERARQUIAS ANGÉLICAS

1

Os anjos de *Kether* são os Serafins, em hebraico, *Hayoth* haKodesch, que são conhecidos como os Animais de santidade. *Hayoth* é o plural da palavra *haya*, que significa vida.

No início do livro de Ezequiel, na Bíblia, lê-se uma descrição dos quatro Animais santos e, de modo análogo, São João escreve, no Apocalipse:

> Imediatamente fui arrebatado em espírito, e eis que um trono estava posto no céu, e um assentado sobre o trono [...] e ao redor do trono, um ao meio de cada lado, quatro animais cheios de olhos por diante e por detrás; e o primeiro animal era semelhante a um leão; o segundo animal, semelhante a um touro; tinha o terceiro animal o rosto como de homem; e o quarto animal era semelhante a uma águia voando. Os quatro animais tinham, cada um, seis asas; e ao redor e por dentro estavam cheios de olhos;

> e não têm descanso nem de noite, dizendo: Santo, Santo, Santo é o Senhor Deus, o Todo-Poderoso, aquele que era, e que é, e que há de vir.

Os quatro seres vivos que se encontram diante do trono de Deus representam os quatro princípios da matéria, os quatro elementos: o leão (o fogo), o touro (a terra), o homem (o ar) e a águia (a água).* Assim, as raízes da matéria estão em Deus, na sephira *Kether*, e os Serafins são os anjos dos quatro elementos. Contudo, a esse grau de pureza, a matéria é quase da mesma substância que o espírito.[1]

Os Serafins são as primeiras criaturas a receberem as emanações divinas, eles estão imersos no oceano da matéria primordial ainda em plena ebulição e bebem na Fonte da luz, na Fonte do amor que é o seu único alimento. Eles se alimentam na contemplação do Senhor, e eis porque são representados com olhos em todo o seu corpo. Os Serafins são a mais perfeita manifestação do amor, já que o amor verdadeiro é contemplação.

Na realidade, existem outras expressões do amor na Árvore da Vida: *Hessed* (Júpiter) representa o amor pela coletividade e *Netsah* (Vênus) o amor por uma criatura. Mas o amor por Deus, único amor verdadeiro, só pode se manifestar em *Kether*, e é o amor dos Serafins.

---

* Sobre a correspondência entre a águia e a água, ver tomo 32 das Obras Completas do autor.

Diante do trono de Deus, os Serafins não cessam de repetir: "Santo, Santo, Santo é o Senhor." O que significa que a palavra "santo" é a que melhor caracteriza a essência da Divindade. Mas ela foi empregada tão frequentemente para designar apenas homens ou mulheres que manifestam algumas virtudes de paciência, de bondade, de misericórdia, que o seu verdadeiro sentido se perdeu. Para compreender o que é a santidade, é preciso examinar as línguas eslavas. Em búlgaro, por exemplo, as palavras *svet* (santo) e *svetost* (santidade) possuem a mesma raiz que a palavra "luz": *svetlina*. A santidade, portanto, é uma qualidade da luz. Nesse sentido, pode-se dizer que somente Deus é verdadeiramente santo, porque Ele é pura luz. É o que os Serafins repetem e é o motivo pelo qual a santidade também está inscrita no nome deles: *H̲ayoth haKodesch*: Animais de santidade.

O chefe da ordem angélica dos Serafins é *Metatron*, o Príncipe da Face. Ele é o único que vê Deus face a face e foi ele quem falou com Moisés no monte Sinai. Nenhum ser humano, por mais elevado que seja, pode entrar diretamente em contato com Deus, porque Deus é um fogo devorador que o reduziria imediatamente a cinzas. É preciso que haja sempre um intermediário para falar ao homem em nome do Senhor. Embora se diga na Bíblia que Deus dirigiu a palavra a Abraão, a Jacó, a Moisés ou a algum profeta, na verdade, Ele não o fez pessoalmente, mas através de um mensageiro; e este é justamente o significado da palavra "anjo": mensageiro, enviado.

Os anjos de *Hohmah* são os Querubins, em hebraico *Ophanim*, isto é, as Rodas. No seu livro, o profeta Ezequiel descreve a visão que teve de rodas "de uma circunferência e uma altura assustadoras", que andavam ao lado dos Animais santos:

> E quando os animais [seres viventes] se elevavam da terra, elevavam-se também as rodas. Para onde o espírito queria ir, iam eles, mesmo para onde o espírito tinha de ir; e as rodas se elevavam ao lado deles; porque o espírito do ser vivente estava nas rodas. Quando aqueles andavam, andavam estas; e quando aqueles paravam, paravam estas; e quando aqueles se elevavam da terra, elevavam-se também as rodas ao lado deles; porque o espírito do ser vivente estava nas rodas.*

Os Animais santos obedecem às ordens do Espírito e transmitem o impulso para as rodas.

O simbolismo da roda (círculo perfeito em movimento) nos revela a função dos Querubins: em movimento, eles misturam a matéria original simbolizada pelos Animais santos, elaboram essa ma-

---

* Na versão da Bíblia Sagrada utilizada, a expressão empregada por duas vezes é "espírito do ser vivente". Entretanto, no original francês, o autor usa ambas as vezes a expressão "espírito dos Animais". *(N. da T.)*

téria para que possa servir aos desígnios de Deus. É por isso que se diz que o mundo dos *Ophanim* é o da música das esferas (reencontramos aqui a ideia de círculo, de roda). Mas, por música, não devemos compreender unicamente os arranjos de sonoridades criados pelos seres humanos e que nossos ouvidos podem perceber. A expressão "música das esferas" traduz, antes de tudo, a harmonia que existe entre todos os elementos do universo, um ajustamento, uma organização baseada sobre relações de números. A harmonia é primeiramente uma estrutura e ao descer para dentro da matéria esta estrutura se torna criadora de formas. Nesse sentido, a harmonia é a expressão da razão, da sabedoria, e por isso também é assimilada ao Verbo. Não existe harmonia, não existe música fora da razão e da sabedoria. O Verbo divino, a música e a sabedoria são uma única coisa.

Infelizmente, nós somos obrigados a constatar que, entre todos aqueles que criam música ou que a interpretam, bem poucos são capazes de levar uma vida musical. A música, a verdadeira música, não é a que executamos com instrumentos ou através do canto, mas a que expressamos pelos pensamentos, os sentimentos e os gestos harmoniosos em todas as circunstâncias da vida. É essa a música de *Hohmah.*[2]

A ordem dos *Ophanim* é liderada pelo Arcanjo *Raziel.* De acordo com a tradição, foi ele quem deu um livro, o *Sepher Ietsirah*, para Adão, no qual eram revelados os segredos da criação. Porém, quando Adão cometeu o primeiro erro, esse livro lhe foi tirado.

Os anjos de *Binah* são os Tronos, em hebraico, *Aralim*: os leões.

No texto do Apocalipse, São João associa a presença dos Tronos à dos Animais santos, os Serafins: "Havia também ao redor do trono vinte e quatro tronos: e sobre os tronos vi assentados vinte e quatro anciãos, vestidos de brancos, que tinham nas suas cabeças coroas de ouro." Em outra passagem, os 24 Anciãos dirigem-se assim ao Senhor:

> Graças te damos, Senhor Deus Todo-Poderoso, que és, e que eras, porque tens tomado o teu grande poder, e começaste a reinar. Iraram-se, na verdade, as nações; então veio a tua ira, e o tempo de serem julgados os mortos, e o tempo de dares recompensa aos teus servos, os profetas, e aos santos, e aos que temem o teu nome, a pequenos e a grandes, e o tempo de destruíres os que destroem a terra.

Ao dar o nome de Tronos aos anjos de *Binah*, a religião cristã insiste na noção de estabilidade, ao passo que seu nome hebraico *Aralim* (leões), introduz uma noção de julgamento. Simbolicamente, o leão está ligado à justiça e o "Leão da tribo de Judá" é uma figura de Juiz supremo. Os 24 Anciãos são os Senhores dos destinos; nenhum dos pensamentos, dos sentimentos e das ações dos seres humanos lhes escapa e são eles que decidem sobre as punições, as recompensas e as condições nas quais eles deverão vir reencarnar-se.

E, enquanto os Serafins cantam a santidade de Deus, os 24 Anciãos O adoram, prostrando-se: "Eles lançavam as suas coroas diante do trono, dizendo: Digno és, Senhor nosso e Deus nosso, de receber a glória e a honra e o poder; porque tu criaste todas as coisas, e por tua vontade existiram, e foram criadas." Da mesma forma que a função dos Serafins é a de celebrar a santidade de Deus, a dos 24 Anciãos é a de reconhecer a perfeição da Sua vontade. Eles também rendem justiça a Deus, proclamando que Ele é o único digno.

O Arcanjo *Tsaphkiel* comanda os *Aralim*.

As três primeiras ordens angélicas são as mais mencionadas nos livros sagrados porque pertencem à tríade mais elevada, *Kether*, *Hohmah* e *Binah*.

As ordens angélicas da segunda tríade, *Hessed*, *Gueburah* e *Tiphereth*, são:

- as Dominações: os *Haschmalim* (Resplandecentes)
- as Potestades: os *Seraphim* (Inflamados)
- as Virtudes: os *Malahim* (Reis)

Essas três ordens têm em comum a expressão do poder, e sua ação é associada às qualidades das sephiroth onde elas residem. As Dominações, os anjos de *Hessed* (a misericórdia) propagam por toda parte suas bênçãos, sob a direção de *Tsadkiel*, cujo nome significa "Deus é minha justiça". As Potestades, os anjos de *Gueburah* (a força), inflamados pelo zelo para com o Criador e conduzidos por *Kamael*, "desejo de Deus", vão restabelecer a ordem onde ela estiver ameaçada. Seu trabalho é comparável ao que o organismo realiza para se livrar de todos os seus detritos. As Virtudes, os anjos de *Tiphereth* (a beleza), são liderados pelo Arcanjo *Mikhael*. São os *Malahim* mencionados no Apocalipse: "Então houve guerra no céu: *Mikhael* e os seus anjos batalhavam contra o dragão."[3]

As hierarquias angélicas da terceira tríade *Netsah*, *Hod* e *Iesod*, são:

- os Principados: os *Elohim* (os deuses)
- os Arcanjos: os *Bnei Elohim* (os filhos dos deuses)
- os Anjos: os *Kerubim* (os fortes)

Os *Elohim*, sob a direção do Arcanjo *Haniel* ("graça de Deus"), representam as entidades que criaram o mundo, como é dito no Gênesis: "*Bereschit* (no começo) *bara* (criaram) *Elohim* (os deuses) *eth-ha-schamaim* (o Céu) *vê-eth há-aretz* (e a Terra)." O plano foi gerado no alto, na sephira *Hohmah*, pelo grande

Arquiteto do universo, e os *Elohim* são os operários que construíram o edifício. O trabalho do arquiteto consiste unicamente em elaborar os planos; a realização é confiada aos empreiteiros, aos pedreiros. Os empreiteiros do universo foram os *Elohim*.

Os *Bnei Elohim*, anjos portadores do fogo, têm ao seu comando o Arcanjo *Rafael*, cujo nome significa "Deus curador".

Os *Kerubim* são os portadores da vida pura. Eles são os mais próximos dos homens e estão mais frequentemente em contato com eles do que as outras ordens angélicas. São chefiados pelo Arcanjo *Gabriel*: "Deus é minha força".

Por fim, embora no sentido estrito não façam parte das hierarquias angélicas, os cabalistas situam a ordem dos *Ischim* na décima sephira, *Malhouth*. Trata-se dos santos, dos profetas, dos Iniciados, dos grandes Mestres de todas as religiões, todos aqueles que, por meio de suas vidas e de suas palavras, conduziram os seres humanos a caminho da luz. Eles representam a fraternidade das grandes almas que os cristãos chamam a Comunhão dos Santos.[4] É a esses seres, que desceram à Terra para instruir e ajudar os humanos, que devemos primeiramente recorrer, porque graças a eles, a seus ensinamentos, a seu desejo de nos ajudar e de trabalhar na nossa evolução nós poderemos nos elevar na escala das criaturas. A

Cabala aponta *Sandalfon*, ou *Uriel*, como chefe dos *Ischim*.

Os Serafins, os Querubins e os Tronos estão em contato direto com Deus. É através deles que as Dominações, as Potestades e as Virtudes recebem as emanações divinas que elas transmitem aos homens e, num nível ainda mais abaixo, aos animais, às plantas e aos minerais.

Os Serafins são os espíritos do Amor divino.

Os Querubins são os espíritos da Sabedoria divina.

Os Tronos são os espíritos da Potência divina.

As Dominações, as Potestades e as Virtudes constituem um primeiro reflexo deste amor, desta sabedoria e desta potência. Abaixo deles, os Principados, os Arcanjos e os Anjos são um segundo reflexo. E agora, cabe a nós o esforço de nos tornarmos o terceiro reflexo desta perfeição divina, aprendendo a trabalhar com todo o amor de nosso coração, com toda a luz de nosso intelecto e com toda a força de nossa vontade.

2

Quando vocês acordam de manhã, por que não começar o dia pensando em todas essas criaturas de luz que sobem e descem entre a Terra e o trono de Deus? Assim, todo o seu dia ficará iluminado... Pensem nelas, liguem-se a elas, contemplem-nas em seu coração, em sua alma, e pronunciem seus nomes. Quando vocês gritam um nome numa multidão, a pessoa interpelada vira a cabeça em sua direção. O mesmo acontece com as entidades do mundo invisível: se vocês as chamam pelo nome, elas param e viram os olhos em sua direção. É assim que vocês podem entrar em comunicação com elas.

Ao tomar cada vez mais consciência da realidade dessas entidades elevadas, vocês ficam impregnados com as virtude delas, se sentem vivificados, iluminados e com isso seu mundo interior enriquece. Mas, ao mesmo tempo, vocês devem permanecer modestos, sabendo que muitas dessas entidades estarão ainda por bastante tempo fora do seu alcance. Comecem tentando alcançar os santos, os Iniciados, os grandes Mestres cuja missão é ocuparem-se da humanidade. Depois, podem elevar-se de nível para tentar atingir os Anjos, porque os Anjos são os que estão mais próximos dos homens, eles escutam, ajudam, atendem. Vocês também podem tentar invocar os Arcanjos...

Mas é inútil querer ser ouvido pelos Principados e pelas coortes angélicas superiores. Inúmeros são os mundos pelo espaço infinito povoado de bilhões de criaturas e essas hierarquias angélicas, que têm outros trabalhos a executar no distante firmamento, não se relacionam com os humanos. Os que cuidam dos humanos são, sobretudo, conforme eu já disse, os santos, os Iniciados, os grandes Mestres, isto é, aqueles que viveram na Terra mas que, depois de a terem deixado, se lembram dela, mantêm vínculos com os seres humanos, e querem cumprir as promessas que fizeram. O discípulo precisa conhecer a existência das hierarquias superiores, pode até mesmo invocá-las, mas sabendo que, para obter resultados através da oração e da meditação, deve recorrer a seres mais próximos dele.

Sou obrigado a fornecer-lhes essas poucas noções para que vocês não se enganem e não imaginem que, num instante, terão acesso aos Tronos, aos Querubins e aos Serafins. Não, esse é um caminho muito, muito longo para percorrer e vocês ainda não estão prontos; porém, devem mantê-lo presente diante dos seus olhos, já que as hierarquias angélicas são as únicas que podem fornecer elementos dos mundos superiores para alimentar sua alma e seu espírito. É assim que vocês conseguirão cumprir o preceito de Jesus: "Sede vós, pois perfeitos, como é perfeito o vosso Pai celeste."[5] Como tornar-se perfeito sem estabelecer um vínculo com todas essas criaturas que encarnam as virtudes divinas?

A perfeição pressupõe o conhecimento dessas hierarquias e o desejo de trabalhar com elas. Os Anjos lhes darão a vida pura. Os Arcanjos lhes darão o fogo sagrado. Os Principados lhes fornecerão as possibilidades de construir e organizar seu mundo interior.

As Virtudes lhes trarão o resplendor da luz divina. As Potestades lhes darão coragem e audácia para defender seu ideal. As Dominações lhes concederão generosidade e misericórdia. Os Tronos lhes darão a estabilidade e a inteligência dos Mistérios. Os Querubins lhes transmitirão sabedoria e harmonia. Os Serafins lhes darão o amor, este amor acima de todos os conhecimentos, que é plenitude e libertação total.

Mas como ousar falar dessas entidades diante das quais só deveríamos nos prostrar em silêncio? Falo para inspirar em vocês o desejo de não se contentarem com uma existência inconsciente e prosaica. Quem não conhece a realidade dessas regiões sublimes pode satisfazer-se com a vida ordinária. Mas quem a conhece sente que tudo a que costuma atribuir valor não é nada comparado com o que existe no mundo sublime. Pois é, até mesmo o que a ciência, as artes e a filosofia produziram de mais relevante perde brilho quando comparado ao mundo sublime. É necessário pelo menos conhecer a existência dessas regiões povoadas de criaturas perfeitas para compreender o quanto é importante aproximar-se delas.

Se vocês não iniciarem esse trabalho aqui, na Terra, não poderão dar continuidade a ele no outro mundo. É preciso começar por traçar seu caminho neste mundo daqui para poder continuar a avançar no outro. Pelo fato de encarnar-se na Terra dentro de um corpo físico, o homem possui uma superioridade em relação a todos os anjos, inclusive os mais elevados, e é nesse corpo que ele deve fazer descer as virtudes das hierarquias angélicas para tornar-se, um dia, o templo da Divindade.[6] Só então ele realizará a plenitude. O homem está apenas no início de seu desenvolvimento e é por esse motivo que os anjos se debruçam sobre ele com paciência para fazê-lo crescer. Eles sabem que o seu futuro é grandioso (costuma-se até dizer que os anjos tiveram ciúmes do homem!) Então, tomem coragem; um dia a criação cantará hinos de louvor ao homem.

Notas

1. Cf. "*Et il me montra un fleuve d'eau de la vie*" [E ele me mostrou um rio de água da vida]. *Parte XI-2:* "Les racines de la matière: les quatre Animaux saints" [As raízes da matéria: os quatro Animais santos].
2. Cf. *Harmonie et santé* [Harmonia e saúde]. Col. Izvor nº 225, cap. II: "Le monde de l'harmonie" [O mundo da harmonia].
3. Cf. *Approche de la Cité céleste – commentaires de l'Apocalypse* [Abordagem da Cidade celeste – comentários ao Apocalipse], Col. Izvor nº 230, cap. XI: "L'Archange Mikhaël terrasse le Dragon". [O Arcanjo Mikhael arrasa o Dragão].
4. Cf. *Les fruits de l'Arbre de Vie – la tradition kabbalistique* [Os frutos da Árvore da Vida – a tradição cabalística], Obras completas, t. 32, cap. XIX: "Les Ames glorifiées". [As almas glorificadas].

5. Cf. "*Vous êtes des dieux*" [Vocês são deuses], Parte I, cap. 1: "Soyez parfaits comme votre Père céleste est parfait". [Sejam perfeitos como seu Pai celeste é perfeito].
6. Cf. *Création et création spirituelle* [Criação e criação espiritual], Col. Izvor nº 223, cap. XII: "La construction du temple" [A construção do templo].

IV

OS NOMES DE DEUS

Ehieh

Quando Deus lhe deu a missão de libertar os hebreus do jugo dos egípcios, Moisés respondeu: "Eis que quando eu for aos filhos de Israel, e lhes disser: O Deus de vossos pais me enviou a vós; e eles me perguntarem: Qual é o seu nome? Que lhes direi?" Disse Deus a Moisés: "*Ehieh Ascher Ehieh*" (o que significa, literalmente: eu serei o que serei). "Disse mais: Assim dirás aos filhos de Israel: Aquele que se chama Ehieh "Eu serei" me enviou a vós."

O nome de Deus que corresponde à sephira *Kether, Ehieh,* significa, portanto: "Eu serei." Deus nomeia a Si mesmo "eu serei" para expressar que Ele ainda não terminou de se manifestar. Ele é Aquele que é sublime no devir e que nós não podemos nem ver, nem ouvir, nem tocar.

Jehovah, Jehovah Tsebaoth, Iah

Nas sephiroth *Binah* e *Netsah*, Deus é chamado *Jehovah*. Este nome, na realidade, foi fabricado pelos cristãos que quiseram pronunciar o Tetragrama *Iod He Vav He* יהוה.[1] O Tetragrama é o grande nome sagrado de Deus; os judeus o escrevem, porém não o pronunciam. Quando ele aparece no texto bíblico que eles devem ler em voz alta, dizem *Adonai*: o Senhor. Segundo a tradição, somente o sumo sacerdote pronunciava esse nome uma vez por ano, dentro do Templo, no Santo dos Santos. O Tetragrama reina na sephira *Binah: Jehovah;* e na sephira *Netsah: Jehovah Tsebaoth.*

Tsebaoth significa exércitos. *Jehovah Tsebaoth* significa, "Deus dos exércitos". Esses exércitos não são terrestres, trata-se de hierarquias angélicas.

Em *Hohmah*, Deus é chamado *Iah*, que se escreve *Iod He* יה, e que é uma forma abreviada do Tetragrama.

El, Eloha vaDaath, Elohim Guibor, Elohim Tsebaoth

Na sephira *Hessed*, Deus é chamado *El*, que significa Deus e que encontramos em *Eloha* e também em *Elohim*, plural de *Eloha. Elohim Guibor* (em *Gueburah*) significa: "Deus forte". *Eloha vaDaath* (em *Tiphereth*) significa: "Deus e o Saber". *Elohim Tsebaoth* (em *Hod*) quer dizer: "Deus dos exércitos", exércitos celestes formados pelos coros dos anjos e dos astros que celebram sua glória (*Hod*).

Chadai El Hai

Na sephira *Iesod*, o nome de Deus é *Chadai El Hai*, que é traduzido por: Todo-Poderoso (*Chadai*) Deus (*El*) Vivo (*Hai*). Na realidade, *El Chadai* significa exatamente: "Deus das montanhas". A imagem da montanha, do topo, foi sempre associada à Divindade; é porque está no topo que Deus é onipotente.

Adonai Meleh

Na sephira *Malhouth*, Deus é chamado *Adonai Meleh*. *Adonai* significa Senhor, e *Meleh*, rei. Encontramos novamente a palavra *Meleh* no nome *Melkitsedek*, que quer dizer "Rei de Justiça". E *Malhouth* significa "reino".

Mais uma vez, insisto no fato de que esses nomes representam os diferentes aspectos de um Deus único, e esses aspectos não são nem inferiores, nem superiores uns em relação aos outros. A disposição vertical da Árvore sefirótica implica necessariamente em que haja uma base e um topo, mas *Elohim Guibor*, por exemplo, é exatamente o mesmo Deus que *Chadai El Hai*, que *El* ou que *Ehieh*.

Nota

1. Cf. *Les fruits de l'Arbre de Vie – la tradition kabbalistique* [Os frutos da Árvore da Vida – a tradição cabalística], Obras Completas, t. 32, cap. IV: "Le Tétragramme et les soixante-douze génies planétaires" [O Tetragrama e os setenta e dois gênios planetários].

V

AS SEPHIROTH DO PILAR CENTRAL

O OBJETIVO DA BUSCA espiritual é frequentemente simbolizado por um ou vários objetos que o Iniciado consegue conquistar após longos trabalhos, longas tribulações. A varinha mágica, o elixir da vida imortal, a panaceia universal, o espelho mágico e a pedra filosofal mencionados em certas tradições populares são, na realidade, os símbolos das faculdades que o Iniciado logrou desenvolver e dos poderes que ele conseguiu obter. Ele os possui materialmente? Às vezes sim, mas essa não é a questão. É primeiramente dentro de si que ele deve almejar possuí-los, sob a forma qualidades e virtudes, e trabalhar com eles.

Esses cinco símbolos têm correspondências com as sephiroth do pilar central da Árvore sefirótica: a varinha mágica com *Kether*, o espelho mágico com *Daath*, a panaceia universal com *Tiphereth*, o elixir da vida imortal com *Iesod*, a pedra filosofal com

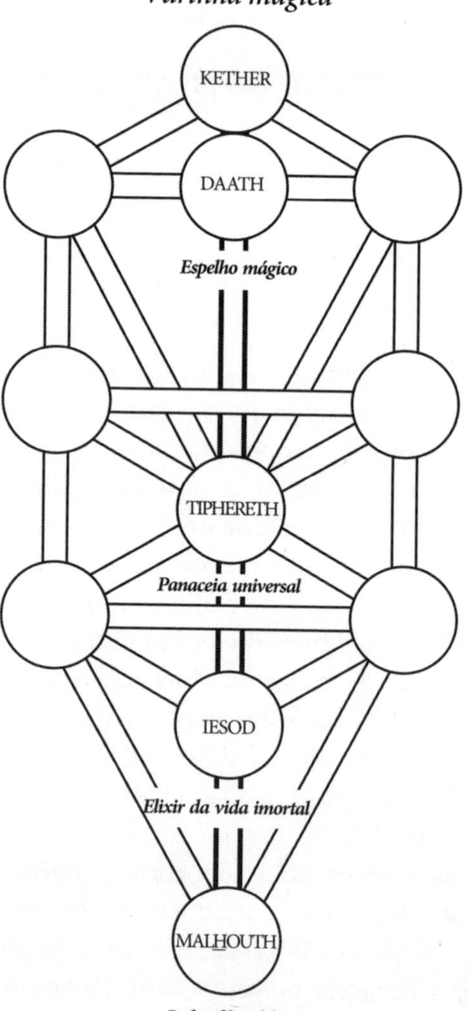
Varinha mágica
KETHER
DAATH
Espelho mágico
TIPHERETH
Panaceia universal
IESOD
Elixir da vida imortal
MALHOUTH
Pedra filosofal

Malhouth. Vocês devem estar pensando: "Mas, como tomar posse desta riqueza? Que trabalho devemos fazer?"

Quando vocês se esforçam para transformar os seus pensamentos e os seus sentimentos ordinários, medíocres e mesquinhos em pensamentos e sentimentos nobres, generosos e desinteressados, vocês estão trabalhando com a pedra filosofal (*Malhouth*), que transmuta os vis metais em ouro.[1]

Quando, através de uma vida pura, vocês regeneram as células do seu organismo, vocês estão trabalhando com o elixir da vida imortal (*Iesod*).[2]

Quando vocês se esforçam para trazer aos seres humanos luz e calor, vocês estão trabalhando com a panaceia universal (*Tiphereth*).[3] Então, onde vocês estiverem, os seres humanos se sentem melhor, suas dores cessam, suas preocupações desaparecem e eles voltam a ter coragem. É o efeito produzido por certos médicos muito bons: a mera presença alivia os doentes.

Quando vocês adquirem o hábito de se concentrarem em assuntos muito elevados, vocês recebem mensagens do espaço como se objetos e seres viessem refletir-se num espelho (*Daath*).[4]

Quando logram exercer grande controle sobre si mesmos, vocês começam a tomar posse da varinha mágica que outorga todos os poderes (*Kether*).[5] Nunca se esqueçam de que só é possível realmente se impor no exterior quando se domina o seu ser interior.

Também é possível associar símbolos às outras seis sephiroth. Para *Hod* (Mercúrio), um livro. Para *Netsah* (Vênus), uma flor, a mais preciosa de todas por seu perfume: a rosa, pois as entidades espirituais são sempre atraídas pelos perfumes sutis. Para *Gueburah* (Marte), uma espada, porque, para poder proteger os outros e proteger-se a si mesmo dos ataques do mal, é preciso – simbolicamente – possuir uma espada. Para *Hessed* (Júpiter), uma coroa ou uma tiara, símbolo da realeza e do sacerdócio. Para *Binah* (Saturno), um esqueleto com a foice, símbolo do tempo e da eternidade.* Para *Hohmah* (Urano), uma roda ou um olho, o olho que tudo vê. Agora, cabe a vocês aprofundarem todos esses símbolos e trabalharem para formá-los dentro de vocês. Querer possuí-los externamente talvez não lhes sirva para nada e, então, não somente vocês perderiam tempo, como correriam o risco de ficar psiquicamente desequilibrados.

Não devemos considerar nenhum objeto simbólico fora do uso que dele podemos fazer na vida interior, sob pena de passar por situações ridículas. Fala-se em pedra filosofal que transmuta os metais em ouro, apesar de ser pobre. Fala-se da vida imortal

* Ver Capítulo XV: “Binah”, em “O território da estabilidade”.

e da panaceia universal, mas se está doente. Fala-se de espelho e de varinha mágica (e pode-se até possuir uma de fato, já que são encontradas facilmente no comércio!), mas continua-se cego e fraco. Então, de que serve tudo isso? É dentro de nós mesmos que devemos encontrar a pedra filosofal, o elixir da vida imortal, a panaceia universal, o espelho e a varinha mágicos: e os encontramos aprendendo a trabalhar com as sephiroth *Malhouth, Iesod, Tiphereth, Daath* e *Kether*.

Notas

1. Cf. *La pierre philosophale – des Évangiles aux traités alchimiques* [A pedra filosofal – dos Evangelhos aos tratados alquímicos], Col. Izvor nº 241, cap. X: "La pierre philosophale, fruit d'une union mystique" [A pedra filosofal, fruto de uma união mística], cap. XI: "La régénération de la matière: la croix et le creuset" [A regeneração da matéria: a cruz e o crisol", cap. XIII: "La connaissance du germe divin" [O conhecimento do germe divino], cap. XIV: "L'or du savoir véritable: l'alchimiste et le chercheur d'or" [O ouro do saber verdadeiro: o alquimista e o garimpeiro].
2. Cf. *Boire l'élixir de la vie immortelle* [Beber o elixir da vida imortal], Fascículo nº 5.
3. Cf. *Vers une civilisation solaire* [Rumo a uma civilização solar], Col. Izvor nº 201, cap. IV: "Le soleil nourricier" [O sol como fonte de alimento]; *La vérité, fruit de la sagesse et de l'amour* [A verdade, fruto da sabedoria e do amor], Col. Izvor nº 234, cap. III: "La sagesse et l'amour: lumière et

chaleur" [A sabedoria e o amor: luz e calor]; "*En esprit et en vérité*" [Em espírito e em verdade], Col. Izvor nº 235, cap. XVI: "La vérité du soleil: donner" [A verdade do sol: dar].

4. Cf. *Regards sur l'invisible* [Acerca do invisível], Col. Izvor nº 228, cap. X: "L'oeil spirituel" [O olho espiritual], cap. XI: "La vision de Dieu" [Ver Deus], cap. XII: "Le véritable miroir magique: l'Âme universelle" [O verdadeiro espelho mágico: a Alma universal].
5. Cf. *Le Livre de la Magie divine* [O Livro da Magia divina], Col. Izvor nº 226, cap. II: "Le cercle magique: l'aura" [O círculo mágico: a aura], cap. III: "La baguette magique" [A varinha mágica].

VI

AIN SOPH AUR: LUZ SEM FIM

QUANDO ABRIMOS NOSSA janela de manhã e avistamos o Sol, ficamos felizes em ver sua luz, sentir seu calor e nos deixarmos penetrar pela vida que ele difunde no universo. Mas se pudéssemos deixar a Terra e aproximar-nos do Sol, talvez descobríssemos um breu, uma escuridão, que não nos alegraria nem um pouco. Eis um mistério que precisamos investigar mais a fundo, pois uma experiência análoga foi vivida por todos aqueles que foram muito longe na busca da luz. E, inclusive, muitos não retornaram, pois quando se alcança essas alturas, já não se pode mais regressar à Terra. A borboleta se queima na chama da lâmpada que a atrai. Aqueles que quiseram tocar o Absoluto desapareceram, derretidos pelo poder de suas vibrações. Por este motivo se diz que *Kether*, a mais alta sephira, absorve ou pulveriza os que a alcançam.

Esse também é o sentido que se deve atribuir às narrativas do Antigo Testamento no que diz respeito ao desaparecimento de Enoc, que "andou com Deus; e não apareceu mais, porquanto Deus o tomou" bem como o de Elias, que foi levado por "um carro de fogo, com cavalos de fogo... subiu ao Céu num redemoinho." O fogo devora os objetos e os transforma em chamas, o mesmo acontece com a luz. Isso lhes parece aterrador? Não para os Iniciados, pois ser absorvido pela luz, fundir-se nesse espaço do qual já não se sabe se é luz ou trevas, é a experiência mais desejável.

No antigo Egito, quando o discípulo atingia o último grau da Iniciação, o sumo sacerdote sussurava-lhe ao ouvido: "Osíris é um deus negro... Osíris é trevas, três vezes trevas." Como é que Osíris, Deus da luz e do Sol, podia ser trevas? O discípulo ficava perturbado, porque as trevas são o símbolo do mal e do inconhecível. Ter procurado a luz, ter percorrido todo esse caminho para terminar descobrindo as trevas! A realidade é que Osíris é tão luminoso que parece escuro. Osíris é luz para além da própria luz. Por que se fala de "luz ofuscante"? Aparentemente, há uma contradição; mas, na verdade, não. No nível físico, inclusive, chamamos de luz apenas ao que nossos olhos podem ver. Designamos de sombra ou noite o que eles não podem distinguir, e tudo isso é relativo, até mesmo quando comparado com certos animais que enxergam no escuro. Se nada tiver preparado vocês para compreenderem o pensamento de um grandíssimo filósofo, de um grandíssimo cientista, não importa quanta da luz ele estiver projetando sobre certas questões, elas permanecerão obscuras para vocês; inclusive quanto mais o seu pensamento for luminoso, mais ele será obscuro para aqueles que não podem compreendê-lo. As palavras "trevas", "obscuridade" não são utilizadas para definir objetivamente uma realidade, mas para expressar nossa incapacidade de concebê-la. E o que nós chamamos de luz corresponde a uma realidade que se encontra mais ao nosso alcance. Por isso podemos dizer que, para nós, a luz sempre vem das trevas.[1]

Portanto, nunca saberemos se as trevas são realmente trevas ou se assim nos parecem devido à nossa incapacidade de enxergar. Como saber se as trevas possuem ou não uma realidade? Mas, para facilitar a compreensão, os Iniciados que quiseram instruir os seres humanos acerca dos mistérios de Deus e da criação ensinaram que a luz surgiu das trevas. No início do livro do Gênesis, por exemplo, está escrito: "A terra era sem forma e vazia; e havia trevas sobre a face do abismo; mas o Espírito de Deus pairava sobre a face das águas. Disse Deus: Haja luz! E houve luz."[2] O mundo das dez sephiroth que estamos estudando é o da manifestação, a partir do momento em que Deus disse: "Haja luz!" Mas isso não significa que antes reinassem as trevas, pelo contrário. Por esse motivo na Árvore sefirótica os cabalistas nomearam o espaço além de *Kether* de *Ain Soph Aur*: luz sem fim. Esse espaço é como um véu estendido, que não pode ser penetrado. É o Absoluto, o Não manifestado, do qual não se tem sequer noção e do qual *Kether*, Deus o Pai, é uma emanação.

A Divindade, tal como os cabalistas a compreendem, está além da luz e das trevas, além dos mundos criados. E, para expressar melhor ainda esse mistério da Divindade, além de *Ain Soph Aur*, os cabalistas conceberam uma região que chamaram de *Ain Soph:* sem fim e outra, mais além de *Ain Soph*, *Ain*: sem. Portanto, há uma negação na origem do universo. Mas "sem", que significa ausência, falta, não significa a não existência. *Ain* não é o nada absoluto tal como certas pessoas imaginaram o Nirvana dos hindus. Na realidade, trata-se exatamente do contrário. *Ain Soph Aur*, como o Nirvana, não é uma não existência, um aniquilamento, mas sim uma vida para além da criação, da manifestação, e tão longínqua que parece ser uma não existência.

Ain, Ain Soph, Ain Soph Aur... foi assim que os cabalistas procuraram expressar essas realidades que escapam ao nosso entendimento. Não se pode descrever o Absoluto com palavras, mas guardem uma noção dele e agradeçam a Deus com palavras, seu Pai celeste que os ama, os ajuda a crescer e trabalha em seus corações, pois as palavras não deixam de ser uma maneira de nos fazer pressentir essa realidade.

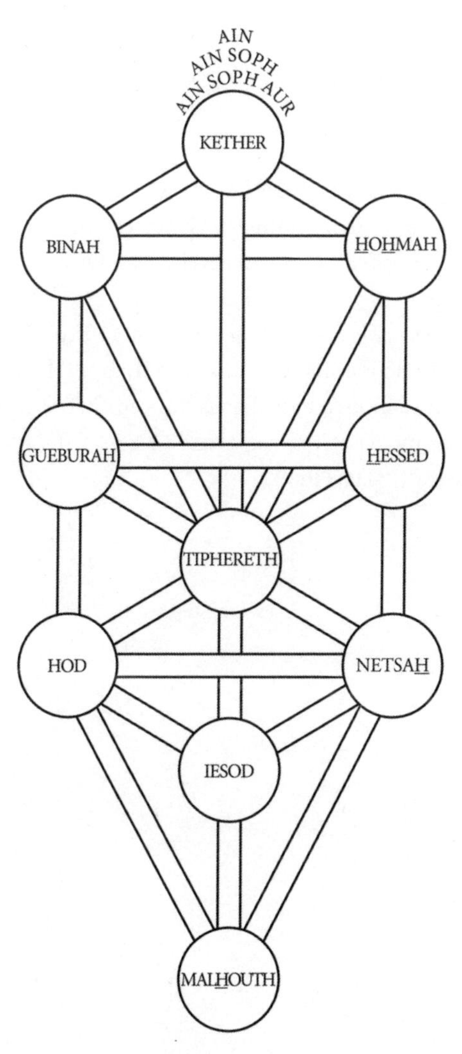

Árvore sefirótica

Peçam aos céus a luz para penetrar nesses Mistérios em direção dos quais eu só posso orientar vocês.

Notas

1. Cf. *Regards sur l'invisible* [Acerca do invisível], Col. Izvor nº 228, cap. VIII: "Lumière visible et lumière invisible: svetlina et videlina" [Luz visível e luz invisível: svetlina e videlina"].
2. Cf. "*Cherchez le Royaume de Dieu et sa Justice*" [Procurai o Reino de Deus e sua Justiça], Parte II, cap. 1-I: "Et l'esprit de Dieu se mouvait au-dessus des eaux" [E o espírito de Deus se movia acima das águas", e cap. I-II: "Que la lumière soit!" [Haja luz!].

VII

A MATÉRIA DO UNIVERSO: A LUZ

"HAJA LUZ!"DE ACORDO com a narrativa do Gênesis, foi no momento em que Deus pronunciou essas palavras que a criação iniciou-se. Isso significa que antes não existia nenhuma luz? E como foi que o Verbo divino pôde criá-la? Aqui, novamente, o quadro da Árvore sefirótica, a Árvore da Vida, ajuda-nos a compreender.

Antes que Deus dissesse: "Haja luz!", essa realidade que chamamos de luz existia somente sob uma forma que nós não podemos conceber: *Ain Soph Aur*. E a "palavra" de Deus, que evidentemente não guarda nenhuma relação com aquilo que nós chamamos de palavra, é apenas um modo de expressar a ideia de que, para criar, Deus projetou alguma coisa de Si mesmo. Essa projeção era Ele, mas uma nova forma de Si, que chamamos de luz. Dizer que Deus "falou" significa que Ele teve a vontade de se manifestar. Vocês acham que é muito difícil de entender... Não, tomemos um exemplo da vida cotidiana. Vocês têm uma ideia, mas onde está essa ideia? Onde situá-la? É possível vê-la e localizá-la em alguma parte do cérebro? Não. E também somos obrigados a reconhecer que não sabemos de que matéria ela é constituída. Porém, no momento em que vocês expressam essa ideia por meio da palavra, já começamos a perceber sua existência. E, por fim, quando vocês agem em conformidade com essa ideia, ela se encarna na matéria tornando-se visível. A palavra é um intermediário entre o plano do pensamento puro e o da realização na matéria. Vocês têm aí uma imagem do processo da criação.

Agora, quando abordamos a frase do Gênesis: "Disse Deus: Haja luz!" e a primeira frase do Evangelho de São João: "No princípio era o Verbo, e o Verbo estava com Deus, e o Verbo era Deus",[1] nós compreendemos melhor ainda a relação que existe entre o Verbo e a luz. A luz é a substância que o Verbo divino, primogênito de Deus, fez aparecer para tornar-se a matéria da criação. Vocês devem estar pensando que quando olhamos as pedras, as plantas, os animais e mesmo os seres humanos, não vemos que são feitos de luz. Sim, porque neles a luz se condensou a ponto de se tornar opaca. E se geralmente costumamos opor matéria e luz, é porque ignoramos que o que chamamos de matéria é, na verdade, luz condensada.

A Cabala ensina que Deus criou o mundo através de sucessivas condensações. Para sair dessa imensidão, desse abismo insondável, desse espaço sem limite pelo qual Ele estava expandido, *Ain Soph Aur*, o Absoluto, o Inconhecível, impôs-se limites e, então, transbordando desses limites, Ele formou um receptáculo que preencheu com suas emanações. Este receptáculo é *Kether*, a primeira sephira. *Kether* é a primeira manifestação de *Ain Soph Aur*, o não manifestado. A partir daí, pode-se dizer que toda a criação é uma sucessão de jorramentos e transbordamentos da luz original. Ao transbordar, *Kether* formou *Hohmah: Hohmah* é como um recipiente que se encheu com a água de *Kether*. Ao transbordar, a água verteu-se dentro de *Binah*, *Binah* dentro de *Hessed*, *Hessed* dentro de *Gueburah*, *Gueburah* dentro de *Tiphereth*, *Tiphereth* dentro de *Netsah*, *Netsah* dentro de *Hod*, *Hod* dentro de *Iesod* e *Iesod* dentro de *Malhouth*. À medida que a emanação divina descia para formar novos mundos, ela foi tornando-se cada vez mais densa. Contudo, é sempre a mesma quintessência que cria sem cessar novas forças, novas cores, novas melodias, novas formas... De emanação em emanação, Deus criou todas as sephiroth e é assim que a vida continua a fluir da Fonte infinita.

"No princípio era o Verbo, e o Verbo estava com Deus, e o Verbo era Deus... Nele estava a vida, e a vida era a luz dos homens." Para que *Kether* faça jorrar a vida, é preciso que ela a receba de cima. Ela a recebe de *Ain Soph Aur*, e *Ain Soph Aur* a recebe de *Ain Soph*, e *Ain Soph* a recebe de *Ain*, a ausência que aguarda o momento de tornar-se presença...

Existe uma relação ininterrupta entre o Absoluto e Deus manifestado, é assim que algo novo se introduz continuamente no universo. O universo é uma criação contínua e sua matéria aumenta e se transforma sem cessar. Como se estabelece esse contato entre o Absoluto e Deus manifestado? Não sabemos nada a esse respeito. E que o Senhor me perdoe por estar me embrenhando em questões desse tipo, pois é preciso ousar confessar que ninguém sabe nada sobre esse ponto. Então, dirão vocês: por que falar disso? Porque, na medida em que fomos criados à imagem de Deus, à imagem do universo, algo dentro de nós que escapa à nossa consciência pode captar algumas parcelas dessa realidade...[2]

A vida é apenas um transvazar de energias e por esse motivo encontramos também na tradição cabalística a imagem do rio da vida que brota da Fonte divina e desce para alimentar todas as regiões do universo.

De *Kether* a *Malhouth*, as sephiroth são vasos sagrados preenchidos pela Fonte inesgotável da vida. A árvore e o rio são duas imagens complementares que traduzem o jorramento e o fluir da vida. Vocês vão argumentar: "Mas a árvore brota raízes para baixo, enquanto o rio tem sua nascente no alto." Sim, no nosso mundo material as árvores lançam suas raízes na terra, porém a árvore cósmica brota raízes para o alto.

Retomemos agora a imagem do rio, atentando sempre para o fato de que se trata justamente apenas de uma imagem destinada a traduzir um aspecto da realidade. Mas a realidade em si é muito mais complexa e, para compreendê-la, é preciso introduzir nela novos elementos.

As sephiroth são distribuídas em três pilares, o que implica que o rio da vida não corre em linha reta de cima para baixo. Como já vimos antes, de ambos os lados do Pilar central erguem-se o Pilar da Misericórdia, polarizado positivamente, e o da Severidade, polarizado negativamente. Ao passar de uma sephira a outra, a emanação divina muda de polaridade. Isso explica que, embora se sucedam umas às outras, as sephiroth parecem ser de natureza oposta. *Hohmah*, por exemplo, que representa a harmonia, o amor universal, é seguida por *Binah*, que representa o rigor implacável dos decretos divinos. Essa intransigência de *Binah* é seguida pela clemência de *Hessed*; a clemência de *Hessed* é sucedida pela audácia combativa de *Gueburah* etc. E, como cada sephira corresponde a um atributo divino, a uma virtude divina, isso explica o fato de que os adjetivos aplicados a Deus sejam tão diferentes e aparentemente contraditórios: misericordioso, terrível, doce, ciumento, fiel, vingativo... Eles expressam as características opostas dos dois pilares.

Notas

1. Cf. "*Au commencement était le Verbe*" [No princípio, era o Verbo], Obras completas, t. 9, cap. I: "Au commencement était le Verbe" [No princípio, era o Verbo].
2. Cf. "*Vous êtes des dieux*" [Vocês são deuses], Parte III, Cap. 1: "Dieu, la Nature et l'homme" [Deus, a Natureza e o homem].

VIII

"QUANDO DEUS TRAÇAVA UM CÍRCULO SOBRE A FACE DO ABISMO"

Quando Deus quer descer ao nosso mundo, Ele deve vestir-se, exatamente como nós o fazemos. E vestir-se significa entrar na matéria. Mas como Deus não quer descer e limitar-se ao ponto de precisar adotar um corpo físico para nos encontrar, Ele nos convida à sua morada, que é também a nossa. Sim, na realidade, nossa morada é infinitamente mais ampla do que podemos imaginar. Nossa morada é o universo que Deus penetra, impregna e sustenta com a Sua presença, e ao percorrer esse universo nós podemos encontrá-Lo.

Percorrer o universo não significa apenas explorá-lo com foguetes ou naves espaciais, mas estudá-lo com todos os meios que o Criador nos forneceu, através dos órgãos de nossos sentidos físicos, claro, mas também e, sobretudo, através dos órgãos dos nossos sentidos espirituais,[1] através da nossa alma e do nosso espírito. É assim que nós encontraremos Deus. Não será Ele que descerá mais ainda até nós; Ele já se limitou em sua criação, não se limitará mais.

Vocês estão pensando: "Mas Deus é absolutamente livre! Como é que devemos entender essa limitação?" Vou explicar para vocês.

As sephiroth *Kether, Hohmah* e *Binah* correspondem a essa entidade que a religião cristã chama de Deus. *Kether, Hohmah* e *Binah* representam a Santa Trindade, Deus em três pessoas. É essa Trindade (que a Cabala situa no plano das emanações, *Atsiluth*) que criou o mundo e permanece presente nele.

A primeira sephira, *Kether*, representa o início de todas as manifestações, por isso é identificada com o Pai. E *Kether* engendrou *Hohmah*. O que é *Hohmah*? É o Verbo, uma energia que se condensou, se ordenou para tornar-se a matéria da criação. Por este motivo São João escreveu: "No princípio era o Verbo".

Imaginem que vocês queiram criar um novo meio para se expressar: vocês começarão criando algo equivalente a um alfabeto. Digamos que esse alfabeto cósmico seja *Hohmah*. E, agora que vocês possuem as letras, vocês podem gerenciá-las, organizá-las para formar palavras, frases inteligíveis e sensatas. E essa é a terceira etapa, a sephira *Binah*, a matéria primordial. É preciso compreender a matéria primordial como essências e não como elementos materiais como os que nós conhecemos e que são estudados pela ciência. Em *Binah*, a substância fornecida por *Hohmah* diferencia-se e somente depois de um longo processo de condensação aparece no plano físico sob a forma dos corpos que chamamos de oxigênio, hidrogênio, ferro, zinco etc. Os elementos do Verbo – letras e números* –, agrupados em frases, são os arquétipos dos corpos materiais e possuem propriedades determinadas, imutáveis. Cada elemento recebeu seu lugar, sua composição, seu peso, suas propriedades e é a terceira sephira, *Binah*, que os forneceu.

A sephira *Kether* está acima do tempo e do espaço. O espaço apareceu com *H̱oẖmah*, representado materialmente por *Mazaloth*, o Zodíaco, e o tempo surgiu com Binah, representado por *Chabtai*, Saturno. Quando Deus, isto é, a Trindade *Kether-H̱oẖmah-Binah* se retirar, não haverá mais nem tempo nem espaço e o universo desaparecerá. Quando cessar esse sacrifício que a limitação de Deus implica, o mundo criado retornará ao nada, mas deste nada emergirá uma outra criação a respeito da qual tudo ignoramos.

Com exceção do próprio Deus, nada é eterno, e um dia toda a criação retornará para dentro Dele. Mas como compreendemos a palavra "criação"? Se entendermos que é a matéria primordial emanada por Deus, os elementos que a constituem são indestrutíveis; eles permanecerão em Deus e é com eles que Deus sempre poderá engendrar novos mundos. Mas se chamarmos

* Como as letras do alfabeto hebraico possuem um valor numérico, os números não têm uma grafia distinta. א (aleph) = 1; ב (beth)= 2; ג (guimel) = 3; etc.

de "criação" os mundos que Deus formou com tais elementos, esses não são eternos. Tudo o que nasce deve perecer. A eternidade não é uma sequência de séculos; trata-se, se é que se pode dizer assim – é muito difícil definir uma noção desse tipo –, de uma qualidade da matéria... Sim, a eternidade é uma fusão da matéria e do espírito. Quando temos uma experiência de eternidade, trata-se de uma sensação que vivenciamos: se podemos ter uma sensação de eternidade mesmo que por alguns segundos, é porque entramos numa ordem superior das coisas, fomos projetados dentro de um mundo onde a matéria é animada pelas mais elevadas vibrações do espírito.[2]

A matéria primordial é uma substância que Deus projetou para fora Dele mesmo e que se condensou. Somente ela é indestrutível, eterna. É com essa matéria que Deus criou os mundos e, um dia, eles se desagregarão para reaparecer sob novas formas. Nesse sentido podemos dizer que a criação terá um fim.

"Passará o Céu e a Terra", dizia Jesus, "mas as minhas palavras não passarão." Quando se expressava dessa maneira, Jesus identificava-se com a segunda pessoa da Trindade, o Filho, a segunda sephira, *Hohmah*, o Verbo. O Céu e a Terra passarão, é verdade, mas os germes que estão em *Hohmah*, os arquétipos para um novo Céu e uma nova Terra, estes não passarão, porque são eternos.

* * *

"Quando Deus traçava um círculo sobre a face do abismo... eu estava ao seu lado...", diz *Hoḫmah*, a Sabedoria, no Livro dos Provérbios. O que é esse círculo? As fronteiras que o próprio Deus traçou para criar o mundo. Nesse sentido é preciso compreender o fato de que Deus limitou-se. Limitar-se, aqui, significa encerrar-se dentro de um universo que funciona e evolui de acordo com leis próprias. Ignoramos o que existe fora, para além desse universo. As leis da vida que a ciência estuda não são outra coisa senão os limites que Deus se impôs em sua criação. São esses limites que dão estrutura, forma, contorno e coesão à matéria. Um mundo que não fosse circunscrito dentro de limites seria instável e não poderia subsistir, já que, dentro desses limites, toda a matéria encontra-se em movimento e procura escapar.

Deus traçou um círculo para reter sua própria substância. O círculo é um traçado mágico.[3] No centro, Deus colocou o núcleo da criação e iniciou seu trabalho. Na natureza, tudo nos revela como Deus procedeu para criar o mundo. Uma célula, com sua membrana, já nos explica isso... E se não existisse caixa craniana, onde estaria o nosso cérebro?... Esta também é exatamente a função da pele: ela serve de limite. Observem as coisas ao seu redor e, em toda parte, encontrarão um reflexo desse círculo que Deus traçou como limite de sua criação. Se um perfume não for contido num frasco, ele evapora-se. Até mesmo para construir uma casa é preciso inicialmente traçar limites: sem paredes, onde estaria a casa? No âmbito espiritual, também é preciso compreender o que significam esses limites: antes de convocar os espíritos luminosos para um trabalho, o mago traça um círculo ao seu redor; e o discípulo deve saber que, pelo menos em pensamento, ele deve traçar a cada dia um círculo de luz à sua volta, para conservar suas energias espirituais.

Deus existe sob todos os aspectos, desde a pedra na qual Ele se limitou ao extremo e onde podemos tocá-Lo, até a substância mais imaterial, a luz, e mais além ainda... Ele está onipresente nas pedras, nas plantas, nos animais, nos seres humanos, nos anjos e em todas as hierarquias celestes, e mais além ainda... Seus membros penetram profundamente toda a criação, mas existem regiões onde Ele está mais livre. Nas formas mais densas da matéria Ele não pode se mover, mas no seu Reino Ele está livre. Se compreenderem isso, diante de vocês se abrirão janelas que dão para horizontes maravilhosos...

Deus é livre, sim, mas fora do nosso mundo. Quando Ele entra no nosso mundo, Ele encontra-se limitado. É por isso que quando as pessoas, indignadas diante de determinados acontecimentos, revoltam-se e dizem: "Deus não deveria permitir coisas desse tipo!", mostram que não entenderam nada. Caso elas possuíssem o verdadeiro saber, compreenderiam que, justamente,

Deus não pode intervir. Na Terra, Deus está limitado e somos nós que O limitamos. Deus é simultaneamente limitado e ilimitado. Ele é limitado no nosso coração, mas é livre no coração dos anjos.

Vou dar-lhes uma imagem. Suponhamos que um homem tenha se divertido cimentando um dos pés no chão: ele não consegue mais levantar o pé, porém todo o resto do corpo está livre. Da mesma maneira, Deus aceitou estar limitado, prisioneiro, mas somente em parte, no cimento que nós somos! No dia em que Deus se libertar totalmente, retirando o pé do cimento, não haverá mais humanidade. Evidentemente, trata-se apenas de uma imagem, mas ela poderá ajudá-los a compreenderem melhor a realidade das coisas.

Para manifestar-se, Deus limitou-se. Podemos ir mais adiante: é graças a essa limitação que nós existimos e que podemos pensar e falar a seu respeito. Foi o próprio Deus quem nos deu essa possibilidade. A prova de que Deus existe é o fato de que estou aqui falando Dele e também que vocês estão me ouvindo. Se Ele não existisse, eu não existiria e vocês tampouco. Tudo o que existe é a prova da existência de Deus. Agora, claro, se as pessoas querem conceber uma ideia diferente de Deus para, depois poder dizer que Ele não existe... ou que Ele está morto, isso é problema delas.

As Escrituras dizem: "Nós somos santuário do Deus vivo." Esse Deus cujo santuário somos nós é Deus manifestado, e Ele está mais ou menos limitado dentro de nós, de acordo com o nosso grau de evolução. À medida que nós nos elevamos e nos purificamos, liberamos Deus, permitindo-Lhe manifestar-se mais livremente dentro do nosso santuário, como potência, luz, amor, beleza... Evidentemente, todas essas ideias são difíceis de compreender e vocês se esquecerão delas, eu bem sei. Mas algo permanecerá em seu subconsciente e, um dia, quando vocês forem capazes de compreendê-las, elas retornarão à sua memória. Se quiserem acelerar essa compreensão, devem treinar seu cérebro, que é o melhor dos instrumentos. Ele não enfraquece no mesmo tempo que os outros órgãos, porque as hierarquias divinas depositaram nele os seus poderes. Mas é preciso exercitá-lo através da atividade do pensamento. O pensamento é uma espécie de escada que recebemos da Inteligência cósmica e é essencial aprender a utilizá-la para elevar-nos.

Notas

1. Cf. *Centres et corps subtils – Aura, plexus solaire, centre Hara, chakras* [Centros e corpos sutis – aura, plexo solar, centro Hara, chacras], Col. Izvor nº 219.
2. Cf. *Langage symbolique, langage de la nature* [Linguagem simbólica, linguagem da natureza], Obras completas, t. 8, cap. IV: "Le temps et l'éternité" [O tempo e a eternidade].
3. Cf. *Le langage des figures géométriques* [A linguagem das figuras geométricas], Col. Izvor nº 218, cap. II: "Le cercle" [O círculo].

IX

"O REINO DE DEUS É SEMELHANTE A UM GRÃO DE MOSTARDA"

DIZER QUE DEUS é absolutamente inconhecível é uma afirmação errônea. Um Ser do qual se pode contemplar as obras dia e noite não é realmente inconhecível. Já que o universo criado por Deus existe e é em parte acessível aos nossos cinco sentidos e à nossa reflexão, o mesmo acontece com Deus. Para além de *Kether*, Deus está fora do alcance de nossas faculdades, mas, a partir de *Kether*, deparamo-nos com noções acessíveis ao nosso entendimento.

Kether, a primeira sephira, representa o início de toda manifestação, e a manifestação subentende a divisão, a polarização, isto é, o surgimento de um princípio masculino e de um princípio feminino necessários para criar.[1]

O exemplo da semente nos possibilitará compreender melhor esta ideia. Enquanto a semente não se "manifesta", nada se pode saber a seu respeito. Nela, a vida está congelada. Mas vocês a põem na Terra e a regam, ela se divide e um broto aparece, tornando-se um talo que cresce: então, vocês começam a conhecê-la. Na natureza, Deus deixou em toda parte rastros que podem instruir-nos. Se Deus, o Absoluto que contém tudo, não tivesse se polarizado para se manifestar, nós não existiríamos e não poderíamos conhecer nada, da mesma maneira que não podemos saber nada a respeito de uma semente enquanto ela não germina, enquanto ela não se polariza.

É justamente a imagem da semente que Jesus utilizou nos Evangelhos: o Reino de Deus "é semelhante a um grão de mostarda que o homem tomou e lançou na sua horta; cresceu, e fez-se árvore, e em seus ramos se aninharam as aves do céu." O Reino de Deus é o universo, do qual a Árvore sefirótica, ou Árvore da Vida, é uma das representações simbólicas mais profundas.

Olhem: o semeador lançou o grão na terra, é a primeira sephira, *Kether*. Enquanto o grão não for semeado, o processo da vida não pode começar.

Estando na terra, o grão se divide, polariza-se e é *Hohmah*, a Sabedoria, o binário, a oposição do positivo e do negativo, do alto e do baixo. As forças contidas dentro da Coroa começam a se dividir, a se opor umas às outras. Eis o motivo pelo qual todos aqueles que não compreendem a dualidade, os contrários, o bem e o mal, não podem compreender a sabedoria.[2]

Mas, na realidade, essas forças não são completamente divididas, elas permanecem interligadas pela

Coroa, que lhes diz: "Vocês são masculinas e femininas, positivas e negativas; então, unifiquem-se e vão trabalhar no mundo." Elas se unificam e é *Binah*, a Inteligência, que as harmoniza. Como a Coroa determinou, *Binah* reconcilia os contrários e o broto aparece.

Kether, *Hohmah* e *Binah* são as raízes enterradas no solo do mundo de cima. Vocês vão dizer: "Mas é embaixo, no solo, que as raízes de uma planta se multiplicam!" Sim, pois no caso da planta, é a raiz que representa a cabeça. Mas a verdadeira cabeça está no alto. O homem também é uma árvore cujas raízes estão plantadas no alto, no Céu. Como as três sephiroth *Kether*, *Hohmah* e *Binah*, a nossa verdadeira cabeça está arraigada no solo do mundo divino.

Agora, para que a planta apareça sobre o solo, é preciso a intervenção da quarta sephira, *Hessed*, a Misericórdia. *Hessed* representa o tronco da árvore, essa força que tenta resistir a tudo o que possa acontecer.

A quinta sephira, *Gueburah*, a Força, corresponde aos ramos que começam a se estender para todos os lados. Quando um homem, uma sociedade, um povo se tornam poderosos, conseguem expandir-se para toda parte.

A sexta sephira, *Tiphereth*, a Beleza, são as folhas que não somente enfeitam a árvore, mas possibilitam-lhe respirar e alimentar-se de luz.

Depois das folhas, surgem os brotos: é a sétima sephira, *Netsah*, a Vitória. Se ela chegou à etapa dos brotos, é porque a árvore foi capaz de vencer todas as dificuldades e ela dará frutos.

Nesse momento, um grande trabalho é realizado dentro dos brotos, que farão nascer as flores. É a oitava sephira, *Hod*, a Glória, o louvor. A árvore cobre-se de flores, cujo perfume ela oferece, como incenso, para celebrar a glória do Eterno.

Por fim, dentro da flor se forma o fruto que o sol faz amadurecer, dando-lhe cores. É a formação da criança, a nona sephira, *Iesod*, a Base; o fruto será o ponto de partida para uma nova vida, uma nova árvore.

Isso porque o fruto, produzido pela semente, contém ele mesmo sementes, e é *Malhouth*, a décima sephira. Se antes era um, a semente virou dez, isto é, simbolicamente, a multitude. Cada grão ou semente produzido pelo fruto representa *Malhouth*, o Reino de Deus. Como reconhecer que se trata realmente do Reino de Deus? Plantem a semente e todos os outros atributos logo aparecerão. Assim, *Malhouth* e *Kether* se juntam, o começo e o fim das coisas são idênticos. Eis porque Jesus dizia que o Reino de Deus (*Malhouth*) pode ser comparado ao grão de mostarda.

Agora, vocês talvez estejam pensando: "Ótimo, mas como podemos usar tudo isso em nossa vida interior?" De muitas maneiras. O grão de mostarda pode ser interpretado como um pensamento ou um sentimento. O que é um pensamento, um sentimento? Um grão aparentemente minúsculo. Então, plantem-no, e se ele for puro, desinteressado, intenso, e se vocês lhe fornecerem boas condições, ele será o ponto de partida para a edificação do Reino de Deus. "Em seus ramos se aninharam as aves do céu", diz Jesus. As aves são os anjos: elas vêm visitar o homem que abraçou a vida espiritual, elas encontram nele um abrigo, instalam-se definitivamente ali e o enchem de sua luz e de suas graças.

Diz-se que Deus criou o homem à sua imagem e semelhança. O que isso quer dizer? Vocês compreenderão quando tiverem meditado longamente sobre a imagem da semente e da árvore. Toda a questão da imagem e da semelhança está contida na distância que separa a semente da árvore.

Notas

1. Cf. *La Balance cosmique – le nombre 2* [A Balança cósmica – o número 2], Col. Izvor nº 237, cap. I: "La Balance cosmique. Le nombre 2" [A Balança cósmica. O número 2], cap. II: "L'oscillation de la Balance" [A oscilação da Balança].
2. Cf. L'*arbre de la connaissance du bien et du mal* [A árvore do conhecimento do bem e do mal], Col. Izvor nº 210, cap. II: "Le bien et le mal, deux forces qui font tourner la roue de la vie" [O bem e o mal, duas forças que fazem girar a roda da vida].

X

A FAMÍLIA CÓSMICA E O MISTÉRIO DA SANTA TRINDADE

NÃO EXISTE NADA no mundo visível que não seja um reflexo, uma representação do mundo invisível. Tomemos o exemplo da família, esquematicamente o pai, a mãe, o filho e a filha: é uma realidade na Terra. Pois bem, devemos compreender que no nível mais elevado a família também existe sob a forma de princípios cósmicos que atuam no universo.

E esses princípios cósmicos são representados pelo nome sagrado de Deus, Iod He Vav He יהוה que a tradição cabalística também chama de Tetragrama (do grego "tetra", quatro, e "grama", letra). As quatro letras do nome de Deus correspondem aos quatro princípios que agem no universo e que agem também no homem, já que o homem foi criado à imagem do universo.

Iod י é o princípio masculino criador, a força primordial que está na origem de todos os movimentos: o espírito, o Pai.

He ה representa o princípio feminino que absorve, conserva, protege e permite ao princípio criador trabalhar nela: a alma, a Mãe.

Vav ו representa o Filho que nasce da união do Pai e da Mãe. Ele é o primeiro filho dessa união e manifesta-se também como princípio ativo, mas em um outro nível. O Filho é o intelecto que caminha de acordo com a linha de Iod e, inclusive do ponto de vista gráfico, o Vav é um prolongamento de Iod.

O segundo He ה representa a Filha. A Filha é a repetição da Mãe, é o coração.

As quatro letras do nome de Deus representam, portanto, o Pai, o espírito; a Mãe, a alma; o Filho, o intelecto; e a Filha, o coração.

Na Árvore da Vida, esses quatro princípios correspondem às primeiras sephiroth: *Kether* é o Pai, *Hohmah*, o Filho, *Binah*, a Filha. "E a Mãe?", vocês devem estar perguntando. A Mãe corresponde à sephira *Daath*. É Ela, a Mãe divina que os cabalistas também mencionaram sob o nome de Shekinah. A *Shekinah* é a esposa de Deus... Pois é, Deus tem uma esposa, que os cristãos me perdoem e não fiquem chocados! Eu também sou cristão, mas isso não é uma razão para não raciocinar e tentar compreender a realidade das coisas.

Minha intenção – e a dos cabalistas – não é a de atribuir uma esposa a Deus no mesmo sentido que um homem se casa com uma mulher aqui na Terra. Mas, assim como a família é uma realidade aqui embaixo, ela também é uma realidade no alto; só que essa realidade manifesta-se de maneira diferente: trata-se de uma analogia e não de uma identidade. Na Tábua de Esmeralda, Hermes Trismegisto diz: "Tudo o que está embaixo é 'como' o que está em cima, e tudo o que está em cima é 'como' aquilo que está embaixo." Portanto, trata-se realmente de uma analogia, de uma semelhança.

Os cristãos repetem: Pai, Filho e Espírito Santo, sem estranharem o fato de que, nesta Trindade, não seja mencionado nenhum princípio feminino. No entanto, é impossível não formular essa pergunta. Quando se ouve enumerar: Pai, Filho... termos que evocam a família, como não ficar surpreso com o fato de o terceiro membro dessa família ser o Espírito Santo? E o que vem a ser uma família onde falta a mãe? Nessa família em particular, ela está ausente: será que ela foi substituída pelo Espírito Santo, e por quê? Ah, seria preciso perguntar aos Fundadores da Igreja por que julgaram correto transformar o Senhor num solteirão inveterado! As três entidades desta Trindade, Pai, Filho e Espírito Santo são masculinas e é anormal que não haja nenhum lugar para o princípio feminino. Pois vejam bem, trata-se de princípios.

Por terem eliminado a Mãe divina como princípio cósmico, os teólogos cristãos atribuíram um lugar de destaque a Maria, embora haja talvez um vestígio desta Mãe cósmica nas Virgens negras encontradas em certas igrejas.

Mas, justamente, deram-lhe um espaço grande demais, atribuindo-lhe virtudes e poderes que uma mulher não pode possuir. Ela foi declarada "Imaculada Conceição", isto é, "concebida sem pecado" e, portanto, preservada do pecado original, e ela mesma teria concebido Jesus "por obra do Espírito Santo". Eu não sou contra. Se ter essa imagem da mãe de Jesus faz bem a alguns, meu Deus, que continuem assim! Só que sou obrigado a constatar que isso contradiz todas as leis da natureza estabelecidas pela Inteligência cósmica. Independentemente da grandeza, da elevação e do caráter divino de um homem, fisicamente ele não pode ter sido concebido pelo Espírito Santo.[1]

Como é possível confundir Maria e a Mãe divina? Eu estimo Maria, a aprecio e não quero diminuí-la, mas, por mais santa que seja, não se pode absolutamente fazer dela a Mãe divina! Os cristãos não entenderam nada a respeito da imensidão desse princípio cósmico, que é a parte feminina do princípio criador. O ser que chamamos de Deus e que o cristianismo representa como uma potência masculina é, na realidade, masculino e feminino. Para que haja criação, manifestação, é preciso que haja uma polarização, isto é, a presença de um princípio masculino e de um princípio feminino. Para se manifestar, Deus deve ser ao mesmo tempo masculino e feminino. Era também isto que se ensinava nas Iniciações órficas: Deus é macho e fêmea.

Por que os Pais da Igreja suprimiram a Mãe divina? Será que eles eram tão puritanos a ponto de ficarem perturbados com a ideia de uma esposa de Deus? Sem dúvida, a verdadeira razão é que, tendo totalmente identificado Jesus com Cristo, a ponto de alegar que ele é realmente o filho único de Deus descido à Terra para encarnar-se, era evidentemente necessário atribuir-lhe uma mãe que não tivesse quase nada de humano. Assim, identificaram Maria com a Mãe divina, como haviam identificado Jesus com Cristo. Mais uma vez, não vejo nenhum problema aí, mas a verdade é esta? Maria foi uma mulher, e não a Mãe divina formadora de todos os mundos. Maria não é a Mãe de Deus, ela foi a mãe de Jesus; e Jesus não é um princípio cósmico, Jesus foi um homem; um dos maiores dentre os filhos de Deus que desceram à Terra, mas era um homem, e Cristo é o princípio cósmico que veio habitar nele. Por que confundir tudo? E Maria era, certamente, uma mulher excepcional, já que os céus a escolheram para ser a mãe de um tal ser, mas não se pode atribuir-lhe o lugar da Mãe Divina.

As quatro letras do nome de Deus, Iod He Vav He יהוה representam, portanto, os quatro princípios na base da criação: o Pai celeste e a Mãe Divina que se prolongam no Filho e na Filha. Então, na Árvore sefirótica eles são: *Kether*, o Pai; *Daath*, a Mãe; *Hohmah*, o Filho, o Verbo; e *Binah*, a Filha, a Natureza.

Vocês vão perguntar: "Mas, então, é preciso rejeitar a Trindade Pai – Filho – Espírito Santo?" Não, mas é preciso compreender a quê correspondem esses três princípios. O cristianismo define a Santa Trindade como o mistério de um único Deus em três pessoas. Não, a Santa Trindade não é um mistério, ou melhor, ela só é um mistério porque não se soube utilizar a lei da analogia. Para compreender, é preciso apelar para o Sol.

O Sol é a formidável potência criadora de vida que se manifesta através da luz e do calor. Quem for capaz de aprofundar essas manifestações descobrirá as relações que existem entre a vida, a luz e o calor do sol e a Santa Trindade, Pai – Filho – Espírito Santo. Em todos os níveis da criação, desde o plano físico até o plano divino, reencontramos esses três princípios: a vida, a luz, o calor. No plano espiritual, a vida manifesta-se como sabedoria (luz) e como amor (calor) e são estes três princípios (vida, sabedoria e amor) que encontramos na Santa Trindade: o Pai, o Filho e o Espírito Santo, indissociáveis uns dos outros, como a vida, a luz e o calor do Sol são indissociáveis. Vocês podem ver que o mistério de um único Deus em três pessoas não é tão difícil de desvendar.

O que permanece um mistério é somente a imensidão, o esplendor dessa essência primordial de onde saíram todas as existências e sobre a qual jamais acabaremos de meditar.[2]

Assim, na Árvore sefirótica, a Santa Trindade é representada pelas três sephiroth *Kether*, *Hohmah* e *Binah*. Quando pronunciamos a palavra "Deus", devemos saber que, na realidade, estamos tocando essas três primeiras sephiroth. "Mas, então", vocês dirão, "quais são as suas relações com o Pai, o Filho e o Espírito Santo? É possível estabelecer uma correspondência entre eles?" Sim, mas à condição de saber manejar as correspondências de forma delicada e inteligente.

Kether, a Coroa, representa o Pai, a Fonte da vida; isso está claro, esta correspondência não apresenta nenhuma dificuldade.

Hohmah, a Sabedoria, a segunda sephira, saída do Pai, pode ser considerada como o Filho, o Verbo proferido pelo Pai, a luz que Ele projetou de Si mesmo para criar.

Binah, a terceira sephira, corresponde ao Espírito Santo, que é, portanto, considerado aí como uma potência feminina. Muitos vão ficar indignados: "Como? O Espírito Santo é uma mulher?" Eu não falei em uma mulher, eu falei de uma potência feminina, um princípio feminino. E por que ficar chocado? Ficaram chocados pelo fato de o Espírito Santo ter sido representado sob a forma de uma pomba? O que é uma pomba senão um pássaro de gênero feminino? E o Espírito Santo, que o Novo Testamento chama de Paracleto, que em grego significa o Confortador, é uma expressão do amor, do calor. Então, é preciso ir mais além na sua compreensão!

Agora, conforme eu já expliquei, essas correspondências não têm nada de absoluto e também é possível considerarmos que o Filho represente o amor, já que é ele que se oferece eternamente em sacrifício para a conservação do mundo; e o Espírito Santo pode representar a sabedoria, já que foi ele que desceu sobre os apóstolos sob a forma de línguas de fogo e lhes deu a faculdade de profetizar e de falar em línguas.[3] E é também do Espírito Santo que Jesus falou, quando disse aos seus discípulos, no momento de deixá-los: "Ainda tenho muito que vos dizer, mas vós não o podeis suportar agora. Quando vier, porém, aquele, o Espírito da verdade, ele vos guiará a toda a verdade."[4] O único ponto irrefutável é que *Kether* representa o Pai, a vida, com suas duas manifestações, o calor e a luz, que podem transformar-se uma na outra, como também acontece no plano físico.

Se aceitarem continuar esse esforço e me seguirem ainda mais longe, eu vou acrescentar que, de acordo com uma tradição cabalística, *Hohmah*, a Sabedoria, é um princípio feminino assimilado à esposa de Deus, à *Shekinah*, e representa, portanto, a Mãe. Vocês vão perguntar: "E agora, onde fica o Filho?" O Filho está unido à Mãe, eles são inseparáveis um do outro. Como falar de uma mãe sem pensar em seu filho e como falar de um filho sem pensar em sua mãe? Encontramos uma representação dessa ideia nos quadros da Virgem com o Filho. Quantos pintores representaram Maria segurando Jesus nos braços ou no colo! O Filho está no centro e, segundo o modo como vocês olham para o quadro, podem ver somente ele ou captar o conjunto: a criança e a mãe. Mas, mesmo que vocês fixem o olhar apenas na criança, a mãe está ali.

Quando adotamos estas correspondências: *Kether*, o Pai; *Hohmah*, a Mãe e o Filho, encontramos a Filha em *Binah*, e toda a família está reconstituída. Vocês vão argumentar que a coisa está enrolada a ponto de não entenderem mais nada... Pelo contrário, nada é mais claro ou mais preciso, isso é a Cabala viva. Contudo, só podemos penetrar nessa esfera com um pensamento livre, desimpedido. Unicamente nesta condição teremos sempre novas riquezas para descobrirmos ou aprofundarmos.

É muito importante compreender o sentido da Trindade tal como a Cabala pode torná-lo compreensível. Porém, mais importante ainda é aprender a comunicar-se diariamente com esta Trindade através da vida, da luz e do calor do sol. Trata-se de uma lei que eu jamais cessarei de repetir, já que ela é uma base essencial da vida espiritual: tudo o que existe embaixo no nosso mundo físico é feito à imagem do que existe em cima no mundo divino. A Santa Trindade não está nem na luz, nem no calor e nem na vida do sol, ela encontra-se bem além disso; mas é através dessa luz, desse calor e dessa vida que podemos nos aproximar dela, nos comunicar com ela e fazer com que ela penetre em nós para recebermos todas as suas bênçãos.

Notas

1. Cf. *Noël et le mystère de la naissance du Christ* [Natal e o mistério do nascimento de Cristo], Brochura nº 321, *Qu'est-ce qu'un fils de Dieu?* [O que é um filho de Deus?], Col. Izvor nº 240, cap. VII: "L'homme Jésus et le principe cosmique du Christ" [O homem Jesus e o princípio cósmico de Cristo].
2. Cf. *Les splendeurs de Tiphéreth – le soleil dans la pratique spirituelle* [Os esplendores de Tiphereth – o sol na prática espiritual], Obras completas, t. 10, cap. IV: "Comment retrouver la Sainte Trinité dans le soleil" [Como encontrar a Santa Trindade no Sol" e cap. XV: "Le soleil est à l'image et à la ressemblance de Dieu" [O Sol é a imagem e semelhança de Deus].
3. Cf. *Langage symbolique, langage de la nature* [Linguagem simbólica e linguagem da natureza], Obras completas, t. 8, cap. XI: "Le Saint-Esprit" [O Espírito Santo].

AIN SOPH AUR אֵין סוֹף אוֹר

1 Ehieh	אֶהְיֶה
Kether	כֶּתֶר
Metatron	מְטַטְרוֹן
H̱ayoth haKodesch	חַיּוֹת־הַקֹּדֶשׁ
Reschith haGalgalim	רֵאשִׁית־הַגַּלְגַּלִּים
2 Iah	יָהּ
H̱oẖmah	חָכְמָה
Raziel	רָזִיאֵל
Ophanim	אוֹפַנִּים
Mazaloth	מַזָּלוֹת
3 Jehovah	יְהֹוָה
Binah	בִּינָה
Tsaphkiel	צַפְקִיאֵל
Aralim	אֶרְאֶלִּים
Chabtai	שַׁבְּתַאי
4 El	אֵל
H̱essed	חֶסֶד
Tsadkiel	צַדְקִיאֵל
H̱aschmalim	חַשְׁמַלִּים
Tsedek	צֶדֶק
5 Elohim Guibor	אֱלֹהִים גִּבּוֹר
Gueburah	גְּבוּרָה
Kamael	כָּמַהֵאֵל
Seraphim	שְׂרָפִים
Madim	מַאְדִּים

6 Eloha vaDaath — אֱלוֹהַ־וָדַעַת
Tiphereth — תִּפְאֶרֶת
Mikhael — מִיכָאֵל
Malahim — מַלְאָכִים
Chemesch — שֶׁמֶשׁ

7 Jehovah Tsebaoth — יְהוָה צְבָאוֹת
Netsah — נֵצַח
Haniel — חַנִיאֵל
Elohim — אֱלֹהִים
Noga — נֹגַהּ

8 Elohim Tsebaoth — אֱלֹהִים־צְבָאוֹת
Hod — הוֹד
Rafael — רְפָאֵל
Bnei Elohim — בְּנֵי־אֱלֹהִים
Kohave — כּוֹכָב

9 Chadai El Hai — שַׁדַּי־אֵל־חַי
Iesod — יְסוֹד
Gabriel — גַּבְרִיאֵל
Kerubim — כְּרוּבִים
Levana — לְבָנָה

10 Adonai Meleh — אֲדֹנָי־מֶלֶךְ
Malhouth — מַלְכוּת
Sandalfon (Uriel) — סַנְדַּלְפוֹן (אוּרִיאֵל)
Ischim — אִישִׁים
Olam Iesodoth — עוֹלָם יְסוֹדוֹת

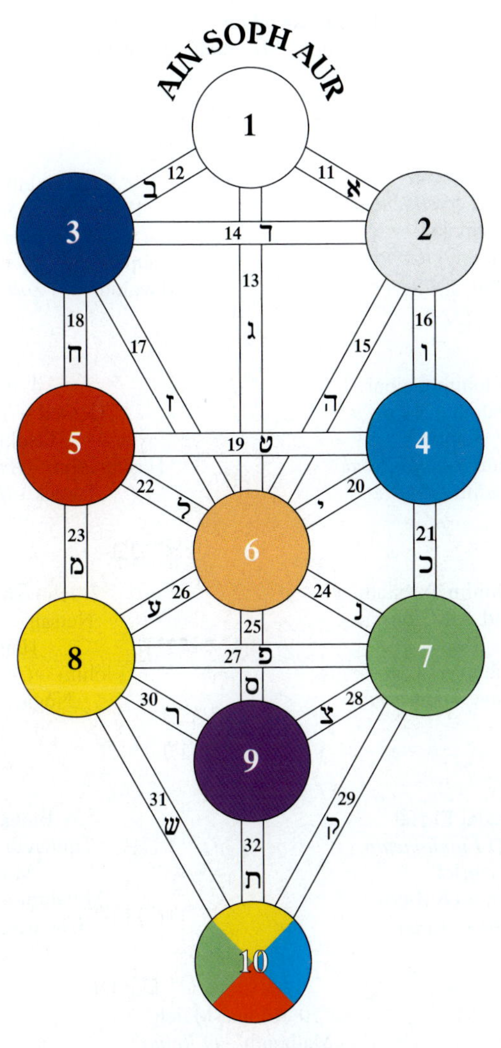

Árvore sefirótica

1 Ehieh
Kether – *A Coroa*
Metatron
Hayoth haKodesch – *Os Serafins*
Reschith haGalgalim – *Os primeiros turbilhões (Netuno)*

3 Jehovah
Binah – *A Inteligência*
Tsaphkiel
Aralim – *Os Tronos*
Chabtai – *Saturno*

2 Iah
Hohmah – *A Sabedoria*
Raziel
Ophanim – *Os Querubins*
Mazaloth – *O Zodíaco (Urano)*

5 Elohim Guibor
Gueburah – *A Força*
Kamael
Seraphim – *As Potestades*
Madim – *Marte*

4 El
Hessed – *A Graça*
Tsadkiel
Haschmalim – *As Dominações*
Tsedek – *Júpiter*

8 Elohim Tsebaoth
Hod – *A Glória*
Rafael
Bnei Elohim – *Os Arcanjos*
Kohave – *Mercúrio*

7 Jehovah Tsebaoth
Netsah – *A Vitória*
Haniel
Elohim – *Os Principados*
Noga – *Vênus*

9 Chadai El Hai
Iesod – *O Fundamento*
Gabriel
Kerubim – *Os Anjos*
Levana – *A Lua*

6 Eloha vaDaath
Tiphereth – *A Beleza*
Mikhael
Malahim – *As Virtudes*
Chemesch – *O Sol*

10 Adonai-Meleh
Malhouth – *O Reino*
Sandalfon (Uriel)
Ischim – *Os Homens perfeitos*
Olam Iesodoth – *A Terra*

4. Cf. *La vérité, fruit de la sagesse et de l'amour* [A verdade, fruto da sabedoria e do amor], Col. Izvor nº 234, cap. VII: "Le rayon bleu de la vérité" [O raio azul da verdade].

XI

O CORPO DE ADÃO KADMON

A Árvore da Vida é o universo que Deus habita e impregna com a sua existência; ela representa a vida divina que circula através de toda a criação. E o ser humano que foi criado à imagem de Deus é, portanto, também uma imagem do universo. Claro, quando nós observamos as manifestações da maioria das pessoas, ficamos achando que o homem não é lá grande coisa. Pois é, o homem não é absolutamente nada, mas ele também é o universo inteiro, ele é Deus.

Nossa inteligência, que só consegue conceber o mundo em três dimensões, é incapaz de captar o homem em todos os seus aspectos. O que nós vemos, tocamos e entendemos dele é apenas um aspecto bem limitado. Não conhecemos o homem verdadeiro; dele, só conhecemos invólucros.[1] Como o mergulhador com seu escafandro, ou o esquimó recoberto de peles de animais, o homem está revestido de várias peles, e são elas que conhecemos em maior ou menor grau. Quando sabemos, por assim dizer, remover essas peles umas após as outras, descobrimos um ponto minúsculo, um átomo de luz. Mas, ao mesmo tempo, compreendemos que o homem é imensamente grande, que ele engloba o universo inteiro. Essas duas afirmações são simultaneamente verdadeiras, e essa verdade é simbolizada por um círculo com um ponto no centro, o signo do Sol: ⊙; o ponto infinitamente pequeno, sem dimensão, e o círculo infinitamente grande, que junta e unifica tudo. Nos cabe agora procurar esse homem, o verdadeiro, que está em nós, e que foi criado à imagem de Deus.

Quando a Cabala fala na criação do homem, ela não se refere aos seres humanos que nós somos, mas a Adão Kadmon, nome que significa homem (Adam) primordial (Kadmon). Adão Kadmon é o homem cósmico cujo corpo é formado pelas constelações e os mundos. Isto é que é o corpo de Adão Kadmon, o primeiro ser criado por Deus. E Deus está além de todo o universo criado, Ele está além da sephira *Kether*. É Adão que começa em *Kether: Kether* é a cabeça de Adão Kadmon. *Hohmah* é seu olho direito e a parte direita de seu rosto. *Binah* é seu olho esquerdo e o lado esquerdo do rosto. *Hessed* é seu braço direito, *Gueburah*, o esquerdo; *Tiphereth* é o coração e o plexo solar, *Netsah*, sua perna direita, *Hod*, a perna esquerda, *Iesod*, o sexo e *Malhouth*, os pés. Adão Kadmon

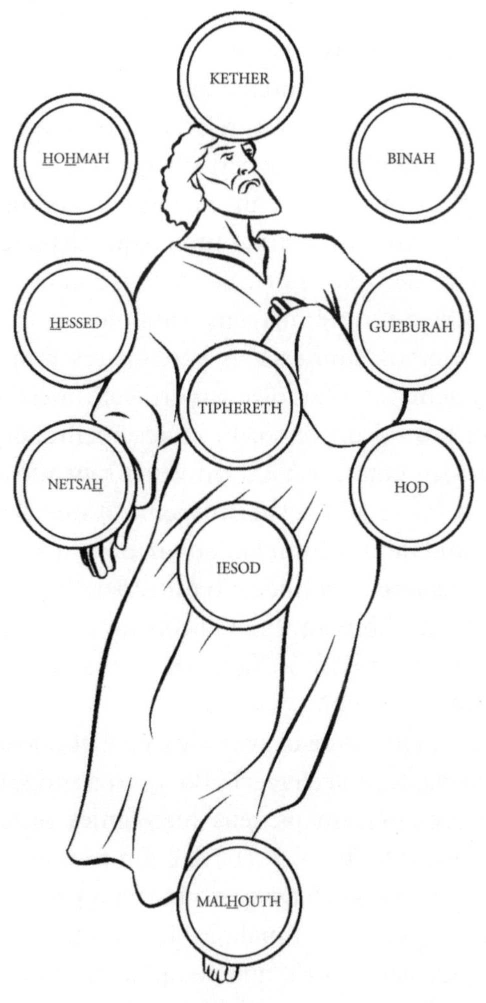
KETHER
HOHMAH
BINAH
HESSED
GUEBURAH
TIPHERETH
NETSAH
HOD
IESOD
MALHOUTH

Adão Kadmon

é o arquétipo do qual nós somos uma célula, um reflexo. Seria possível estabelecer comparações entre Adão Kadmon e a entidade que os cristãos chamam de Cristo, para mostrar as relações que existem entre eles, mas tenho medo de perturbar vocês.

Tudo o que se pode dizer a respeito do homem é aproximativo, assim como tudo o que se pode dizer a respeito de Deus. Por esse motivo somos obrigados a servir-nos de imagens, símbolos e analogias. Nós podemos conhecer as verdadeiras dimensões do homem estudando a Árvore sefirótica, que é um reflexo do universo. E, inversamente, é possível formar uma ideia do universo sabendo que o homem foi criado à sua imagem. O que significa que, estudando o homem, sua natureza, suas funções, chegamos a conhecer o universo. Porque tudo se reflete no homem. Para encontrar a solução dos questionamentos filosóficos mais abstratos, basta observar o homem.

O homem é uma chave e ele é constituído segundo a forma de uma chave ☥. Por que os antigos egípcios representavam os seus hierofantes segurando esse símbolo na mão? A chave é um resumo do homem e é com essa chave que o Iniciado pode abrir as cinquenta portas de Binah, a Mãe cósmica, a matéria primordial. Aquele que possui a chave consegue abrir as cinquenta portas, isto é, ele conhece todas as propriedades dos números e das entidades, bem como todas as relações que podem ser estabelecidas entre eles. A partir do momento em que ele descobre em si a chave para abrir todas as portas, ele sobe e desce pela escada cósmica e toda a riqueza do universo criado por Deus está à sua disposição.

Independentemente do grau de evolução, o ser humano, criado à imagem de Deus, é habitado por uma alma superior que toca o Céu, uma emanação do próprio Deus. Este é o motivo pelo qual somente quando vocês entrarem em contato com essa alma imortal que é luz, harmonia e potência, é que suas existências irão adquirir realmente um sentido. É através dessa alma que vocês comungam com o Criador e, ao mesmo tempo, com o universo que Ele criou, já que ela mesma é uma quintessência desse universo. E quando vocês pensam nela, recorrem a ela com mais frequência, se aliam a ela, falam com ela e se identificam com ela, vocês começam a ter noção do que é o seu verdadeiro Eu.[2] Então, sua consciência se eleva e suas vibrações se tornam mais intensas, até o dia em que ela se funde na consciência dessa Alma sublime e vocês são um com Deus.

O homem tem sua origem em Deus, é Deus que atua e trabalha através dele. Um dia, o homem voltará para Deus, desaparecerá enquanto entidade pessoal e se fundirá com Deus. É claro que esta ideia não agradará a algumas pessoas, que verão nela uma restrição à sua liberdade individual. Mas, queiram ou não, a realidade está aí. Então, o mais frequentemente possível, em vez de perder tempo com futilidades, ou ficar repisando suas preocupações, suas mágoas e assim por diante, pensem nessa alma que é cada um de vocês mesmos, mas que ainda não o é completamente porque não sabem como alcançá-la. Se repetirem com frequência esse exercício, aos pouquinhos, vão sentir que a paz e a alegria – sobretudo a alegria – os invadirão.

Desde as pedras e as plantas até os Arcanjos e até Deus, tudo o que possui uma existência dentro do universo existe também no homem. Todos os elementos da criação estão presentes no nosso próprio corpo físico. Não falta nada e é por isso que podemos progredir até o infinito sem jamais parar. Para tanto, devemos trabalhar nossa própria matéria, torná-la maleável, transparente e fazê-la vibrar até que ela consiga expressar o mundo divino. É assim que, um dia, nós nos manifestaremos em plenitude, tais como somos no alto.

Mas, para guiar-nos em nossa vida espiritual e indicar-nos o caminho a seguir necessitamos de um método. Como já o mencionei, para mim, este método é o trabalho com a Árvore sefirótica. Por isso eu sempre insisto para que vocês aprendam a aprofundar todos os seus aspectos. Com *Malhouth*, vocês concretizam as coisas. Com *Iesod*, vocês as purificam. Com *Hod*, vocês as compreendem e expressam. Com

Netsah, vocês lhes dão a graça. Com Tiphereth, vocês as iluminam. Com *Gueburah*, vocês lutam para defendê-las. Com *Hessed*, vocês as submetem à ordem divina. Com *Binah*, vocês as tornam estáveis. Com *Hohmah*, vocês as fazem entrar na harmonia universal. E por fim, com *Kether*, vocês posam sobre elas o selo da eternidade.

Aprendam a meditar sobre as dez sephiroth, tendo consciência de que esta Árvore da Vida está em vocês e que a única atividade que vale a pena é a de fazê-la crescer, florescer e frutificar. Quantos anos, quantas reencarnações serão necessárias antes que cada um de vocês se torne realmente esta Árvore da Vida... isto não deve ser motivo preocupação. Talvez tenham de voltar milhares de vezes até que essas dez sephiroth inscritas em vocês comecem a vibrar, e o seu ser interior seja iluminado por todas as luzes da Árvore da Vida.

Notas

1. Cf. *En esprit et en vérité* [Em espírito e em verdade], Col. Izvor nº 235, cap. VII: "Contempler la vérité: Isis dévoilée" [Contemplar a verdade: Isis desvendada], cap. VIII: "Le vêtement de lumière" [As vestes de luz], cap. X: "Le parfum du jardin d'Éden" [O perfume do jardim de Éden].
2. Cf. *La vie psychique: éléments et structures* [A vida psíquica: elementos e estruturas], Col. Izvor nº 222, cap. XIII: "Le Moi supérieur" [O Eu superior].

XII

MALHOUTH, IESOD, HOD, TIPHERETH: OS ARCANJOS E AS ESTAÇÕES

A PASSAGEM DE UMA estação à outra, durante o ano, se produz, como vocês sabem, quando o Sol passa por quatro pontos cardinais chamados de solstícios e equinócios. Eles são como nós de forças cósmicas e, nesses períodos, novas energias são derramadas sobre a terra. Mas não é porque ela se repete regularmente a cada ano que a renovação dessas forças se dá automaticamente, mecanicamente. Não, todas essas mudanças são produzidas pelo trabalho de entidades encarregadas de cuidar das pedras, das plantas, dos animais e dos homens. As quatro estações estão sob a influência de quatro arcanjos: *Rafael* preside à primavera, *Uriel* ao verão, *Mikhael* ao outono e *Gabriel* ao inverno. *Rafael, Uriel, Mikhael* e *Gabriel* estão entre os "sete espíritos que se encontram diante do trono do Senhor."

Quando o equinócio da primavera se aproxima, todos os espíritos e as forças da natureza trabalham sob a direção de Rafael para reanimar a vida em todas as partes do universo. A sua ação é mais espetacular no reino vegetal, mas ela também alcança os minerais, os animais e os humanos. Esse renovar da vida na natureza pode ser considerado como um sinônimo de regeneração para o homem e, portanto, também de cura.

A única menção a Rafael, nas Escrituras, encontra-se no livro de Tobias. Trata-se de uma aventura completamente extraordinária! Um dia, o ancião Tobit, tendo ficado cego, recebe a visita de um jovem que se apresenta como Azarias, filho de um de seus parentes, e ele lhe propõe acompanhar seu filho Tobias até a cidade de Média para buscar uma soma de dinheiro que Tobit deixou depositada lá há mais de vinte anos. Tobit aceita. No caminho, Azarias instrui Tobias e lhe dá conselhos; chega ao ponto de sugerir que ele peça a mão de Sara, a filha de um homem que lhes ofereceu sua hospitalidade. Contudo, uma maldição pesa sobre Sara: ela se casou sete vezes e, a cada vez, imediatamente depois da cerimônia do casamento, o demônio Asmodé fez perecer seu marido. Para acabar com o malefício, Azarias aconselha Tobias a pescar um determinado peixe, remover-lhe o fígado e o coração e queimá-los: a fumaça afugenta o demônio. Assim, Tobias casa-se com Sara. A viagem continua... O dinheiro depositado é recuperado e inicia-se o retorno para a casa paterna. No caminho,

Azarias diz a Tobias: "E imediatamente unta-lhe os seus olhos com este fel de peixe, que trazes contigo: porque está certo que logo os seus olhos se abrirão, e teu pai verá a luz do céu... e começou a despegar dos seus olhos uma belida, como a película de um ovo. Tobias pegando nela tirou-a dos seus olhos..." Tobias executa as prescrições e, assim, devolve a visão para o seu pai. No fim, quando Tobias e seu pai querem oferecer presentes a esse extraordinário jovem que lhes trouxera tantas bênçãos, *Rafael* se dá a conhecer: "Eu pois vos descubro a verdade... Porque eu sou o anjo Rafael, um dos sete anjos que assistimos diante do Senhor..." e desapareceu. É uma história muito linda – eu a resumi rapidamente, mas ela merece ser lida por inteiro.*

Os cabalistas situaram o planeta Mercúrio na esfera de *Hod.* Acontece que o deus Mercúrio (Hermes, na mitologia grega), é o deus dos viajantes e da saúde. E é exatamente este o papel de *Rafael* junto de Tobias, acompanhando-o ao longo de toda a viagem e instruindo-o na arte de curar os males do corpo (a cegueira do seu pai) e os males da alma (os ataques do demônio). Não é por acaso que, ainda nos dias de hoje, o caduceu de Hermes é o símbolo dos médicos.

A grande festa da primavera é a Páscoa, e ela celebra a ressurreição de Cristo em toda a natureza e

---

* O Livro de Tobias só consta da Bíblia católica.

também deve ser a nossa ressurreição.[1*] Então, não basta perceber que os pássaros cantam, que as árvores se cobrem de folhas; há todo um trabalho a ser feito, um trabalho de renovação. A cada manhã, quando veem o nascer do sol, vocês não devem ter nada na cabeça a não ser essa renovação. Deixem todos os outros assuntos de lado, tudo o que já for velho e caduco, para receberem enfim a nova vida e entrarem em comunicação com essa grande corrente que vem do coração do universo.

O verão está sob a influência de *Uriel*, e esse nome possui um significado magnífico: "Deus é minha luz". No entanto, não encontramos nenhuma menção a esse arcanjo nas Escrituras. Durante o verão, toda a natureza está inflamada, o próprio ar está em brasas e, no dia 24 de junho, festa de São João Batista, data do solstício de verão, a tradição manda acender fogos e celebrar com cantos e danças a vitória do calor e da luz. Mas a Igreja não encorajou esse modo de celebrar São João, já que essas reuniões de homem e mulheres que cantam, dançam e bebem ao redor de uma fogueira durante toda a noite lembra os antigos rituais pagãos e terminam inevitavelmente em sensualidade e orgias.

---

* O autor se refere à ordem das estações do ano hemisfério norte. *(N. da T.)*

É verdade que a festa de São João, que acontece no momento em que o Sol entra em Câncer – signo em que Vênus está exaltada – não é a festa do fogo espiritual, mas do fogo físico, terreno. *Uriel* é o arcanjo de *Malhouth,* a esfera da Terra, e o fogo sobre o qual ele reina não é somente o que faz amadurecer o trigo e os frutos nas árvores; trata-se do fogo interior do planeta, que mantém toda uma matéria em fusão, onde são elaborados os metais, os minerais, e que foi associado ao inferno.

Em certas tradições, o verão é simbolizado por um dragão que cospe chamas. E o dragão é justamente esse animal mítico que vive sob a terra e não sai para a superfície senão para queimar, devorar e destruir. Mas ele também é o guardião de todos os tesouros ocultos, as pedras e os metais preciosos, frutos da terra e, para apoderar-se desses tesouros, é preciso ser capaz de enfrentá-lo e vencê-lo.[2] Numerosas tradições, transmitidas principalmente por meio de contos, celebram o herói audacioso e puro que foi capaz de vencer o dragão para apoderar-se dos seus tesouros. Essas são narrativas sobre as quais o discípulo deve meditar: não é porque o verão libera as forças subterrâneas que ele deve se deixar devorar pelo dragão.

Cada vez mais, infelizmente, percebemos que esta estação tornou-se a da liberação dos instintos e, sobretudo, da preguiça interior e da sensualidade, porque é no verão que a maioria das pessoas tira férias.

Vocês devem estar pensando: "Mas, isso é normal, já que a própria natureza os convida para isso." A natureza inferior, sim. E esse é o momento em que vocês devem compreender a importância dos cinco planos que constituem cada sephira. Se vocês permanecerem no nível inferior de *Malhouth*, a Terra, é evidente que serão tragados pelos instintos. Mas, se realizarem um trabalho interior para elevarem-se dentro desta sephira e estabelecerem uma relação com as Almas glorificadas, os *Ischim*, com o Arcanjo *Uriel* e com o Senhor *Adonai Meleh*, não somente vocês vencerão o dragão, mas poderão apoderar-se dos seus tesouros, isto é, das novas possibilidades espirituais que esse trabalho lhes oferecerá para dominar as forças obscuras dentro de vocês.

O outono está situado sob a influência de *Mikhael*, o arcanjo do Sol na sephira *Tiphereth. Mikhael* é o mais celebrado de todos os anjos; seu nome significa "Quem é como Deus?". A tradição iniciática conta que Lúcifer era o maior dos Arcanjos. Em sua potência, ele começou a se achar igual a Deus e chegou a querer destroná-Lo. Então, vendo isto, um outro arcanjo levantou-se e disse: "Quem é como Deus?" Em hebraico: "Mi (quem) – ka (como) – El (Deus)". Então, o Senhor, que havia visto a cena, disse-lhe: "A partir de agora, você será chamado *Mikhael* e será o chefe da milícia celeste."

No Antigo Testamento, *Mikhael* é o arcanjo de todas as vitórias sobre o mal. No Novo Testamento, particularmente no Apocalipse, está escrito que, no fim dos tempos, ele arrasará o dragão.[3] Uma tradição conta que, quando Moisés morreu, o diabo quis apoderar-se do corpo dele e foi o Arcanjo *Mikhael* quem o enfrentou para arrancá-lo de suas mãos. Vários quadros e ícones o representam também com uma balança na mão, pesando, depois da morte, as ações dos seres humanos: num prato estão empilhadas as más ações e, no outro, as boas. Enquanto isso, o diabo está ali, pronto para arrastar o homem para seu reino infernal, e ele fica furioso, rangendo os dentes ao ver *Mikhael* acrescentar no prato uma última boa ação para fazer pender a balança para o lado do bem!

O início do outono coincide com a entrada do Sol em Libra. O outono é a estação das colheitas. Colhem-se os frutos, jogam-se fora os ruins e guardam-se os bons. "Porque pelo fruto se conhece a árvore", dizia Jesus e, de certo modo, pode-se dizer que cada colheita é um julgamento. Na natureza, como na vida, o outono é a melhor estação, a estação dos frutos que amadureceram sob os raios do Sol, do qual *Mikhael* é o arcanjo.

O inverno, por fim, encontra-se sob a influência de *Gabriel*, o arcanjo de *Iesod*, a sephira da Lua. Na entrada do inverno, celebra-se o Natal, o nascimento de Cristo.[4] Existe uma relação estreita entre o Arcanjo *Gabriel*, o nascimento das crianças, a Lua e o inverno.

É *Gabriel* quem anuncia inicialmente a Zacarias o nascimento de um filho, que será João Batista. Depois, ele anuncia a Maria o nascimento de Jesus:

> Foi o anjo Gabriel enviado por Deus a uma cidade da Galileia, chamada Nazaré, a uma virgem desposada com um varão cujo nome era José, da casa de Davi; e o nome da virgem era Maria. E, entrando o anjo onde ela estava disse: Salve, agraciada; o Senhor é contigo. Ela, porém, ao ouvir essas palavras, turbou-se muito e pôs-se a pensar que saudação seria essa. Disse-lhe então o anjo: Não temas, Maria, pois achaste graça diante de Deus. E eis que conceberás e darás à luz um filho, ao qual porás o nome de Jesus.

O que é um nascimento? A passagem do invisível para o visível, do imaterial para o material, do abstrato para o concreto. E é a Lua, princípio feminino por excelência, que preside a todas as formas de encarnação, as do plano físico como as do plano espiritual. Durante o inverno, quando as noites são mais longas e a vida da natureza se torna mais lenta, as condições são menos propícias para as manifestações exteriores e mais favoráveis, ao contrário, à vida interior: o homem é levado a recolher-se em si mesmo para preparar o nascimento desta criança de luz que certas tradições simbolizaram com uma pérola. A pérola, que vem do mar, possui como ele uma relação com a Lua. Na Árvore sefirótica, a ostra perlífera é *Iesod* que, no corpo cósmico, representa os órgãos genitais. É ali que a pérola deve formar-se. Esta pérola representa a quintessência mais pura do amor. A ostra perlífera é o princípio feminino que põe no mundo uma pérola, a criança.

As quatro estações, portanto, são presididas por quatro arcanjos. A primavera encontra-se sob a influência de *Rafael*, o arcanjo de *Hod*; o verão, sob a influência de *Uriel*, o arcanjo de *Malhouth*; o outono, sob a influência de *Mikhael*, o arcanjo de *Tiphereth*, e o inverno, sob a influência de *Gabriel*, o arcanjo de *Iesod*. Agora, vamos reposicioná-los na Árvore sefirótica. Podemos ver, de baixo para cima, *Malhouth*, a Terra; *Iesod*, a Lua; *Hod*, Mercúrio; e *Tiphereth*, o Sol. Isto é, os quatro elementos: a terra, a água (a Lua), o ar (Mercúrio) e o fogo (o Sol). Vocês agora conhecem todas essas correspondências, podem então aprender a trabalhar com as quatro estações e a vida de vocês se tornará mais rica de sentido.[5]

Notas

1. Cf. *La fête de Pâques – "Je suis la résurrection et la vie"* [A festa de Páscoa – "Eu sou a ressurreição e a vida", Brochura nº 308.
2. Cf. *Les puissances de la vie* [As potências da vida], Obras completas, t. 5, cap. IV: "Comment se mesurer avec le Dragon" [Como enfrentar o Dragão].

3. Cf. *Approche de la Cité céleste – commentaires de l'Apocalypse* [Abordagem da Cidade celestial – comentários ao Apocalipse], Col. Izvor nº 230, cap. XI: "L'Archange Mikhaël terrasse le Dragon" [O Arcanjo Mikhael arrasa o Dragão], cap. XV: "Le Dragon lié pour mille ans" [O Dragão amarrado por mil anos].
4. Cf. *Noël et le mystère de la naissance du Christ* [Natal e o mistério do nascimento de Cristo], Brochura nº 321.
5. Cf. *Les fruits de l'Arbre de Vie – la tradition kabbalistique* [Os frutos da Árvore da Vida – a tradição cabalística], Obras completas, t. 32, cap. XVII: "Les fêtes cardinales" [As festas cardinais].

XIII

A ÁRVORE SEFIRÓTICA, SÍMBOLO DA SINARQUIA

NO DECORRER DA História, os seres humanos não cessaram de fazer experimentos mais ou menos bem-sucedidos para tentar encontrar a melhor forma de governo: monarquia, república, oligarquia etc. Eu já falei para vocês sobre essa forma de governo chamada sinarquia, cuja ideia foi popularizada no Ocidente pelas obras de Saint-Yves d'Alveydre. Três pessoas, diz ele, encontram-se no topo: elas representam a Autoridade e dão diretivas para sete pessoas que representam o Poder, e estas sete têm às suas ordens 12 outras pessoas encarregadas da Economia, isto é, da produção e da distribuição das riquezas.

Na realidade, como já expliquei, nós não poderemos resolver realmente os problemas enquanto nos limitarmos a querer estabelecer a sinarquia externamente.[1] Não é porque haverá três pessoas, e depois sete, e depois 12 encabeçando um país ou uma coletividade que os negócios caminharão melhor, já que essas três, sete e 12 pessoas podem ser indivíduos ambiciosos, desonestos ou insensatos que levarão o país para a catástrofe, exatamente como os outros. Não são os números que resolvem os problemas, mas os seres humanos, o que eles são, as qualidades que possuem. Por esse motivo eu insisto em que, antes de querer instaurar a sinarquia no plano físico, cada um deve se esforçar para instaurá-la primeiramente dentro de si mesmo.

Vocês dirão: "Mas, o que significa instaurar a sinarquia dentro de si mesmo? Como é possível?" Cada um de nós possui um intelecto, um coração e uma vontade. Pensamos por meio do intelecto; temos sentimentos por meio do coração; e agimos através da nossa força de vontade. Através desses três fatores, nos manifestamos no mundo. Então, se vocês conseguirem instalar a sabedoria no intelecto, o amor no coração e a força na vontade, estarão realizando em vocês mesmos essa trindade que nos torna semelhantes à Trindade divina da luz, do calor e da vida e se vincularão, às sephiroth *Kether*, *Hohmah* e *Binah.* É assim que vocês se tornam a Autoridade, que reinam sobre suas próprias existências. E então se governam manifestando as virtudes dos sete planetas, isto é, das sete sephiroth: *Hessed* (Júpiter), *Gueburah* (Marte), *Tiphereth* (o Sol), *Netsah* (Vênus), *Hod* (Mercúrio), *Iesod* (a Lua) e *Malhouth* (a Terra). Estas são as sete qualidades que representam o Poder. Vocês mesmos são a Autoridade e através de suas qualidades e virtudes exercem seu poder. Sim, porque nossas qualidades e virtudes são nossas melhores serventes. Nossos verdadeiros empregados não são as pessoas que contratamos para satisfazer os nossos desejos, nossas necessidades ou para nos facilitar a vida, mas as virtudes dentro de nós que obedecem à verdadeira autoridade de *Kether*, *Hohmah* e *Binah*. Essas virtudes são: a capacidade de realização de *Malhouth*, a pureza de *Iesod*, a inteligência de *Hod*, a doçura de *Netsah*, a beleza de *Tiphereth*, a audácia de *Gueburah* e a generosidade de *Hessed*. Estes sete servidores transmitem as ordens da Autoridade até os 12 encarregados da Economia.

E o que vem a ser a Economia dentro de nós? Ela está representada pelas 12 partes do corpo físico às quais estão associados os 12 signos do Zodíaco: a cabeça (Áries), o pescoço (Touro), os braços e os pulmões (Gêmeos), o estômago (Câncer), o coração (Leão), o plexo solar (Virgem), os rins (Libra), os órgãos sexuais (Escorpião), as coxas (Sagitário), os joelhos (Capricórnio), as panturrilhas (Aquário) e os pés (Peixes).[2] Assim, as sete virtudes agem sobre as diferentes partes do corpo para despertá-las, vivificá-las e fazer com que a atividade dos bilhões de células de que são constituídas contribua para a harmonia do conjunto. Eis a verdadeira sinarquia da qual devemos nos ocupar: a sinarquia interior. No que diz respeito

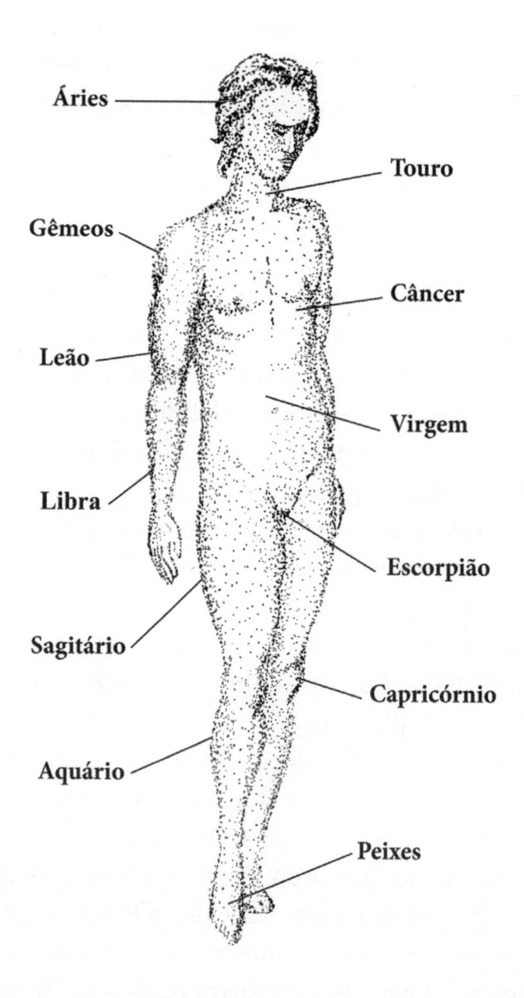
Áries
Touro
Gêmeos
Câncer
Leão
Virgem
Libra
Escorpião
Sagitário
Capricórnio
Aquário
Peixes

à sinarquia como modo de governo dos seres humanos, onde encontrar em cada país essas três pessoas tão evoluídas que possam encabeçar o governo? E as sete realmente capazes não somente de compreender as diretivas recebidas das três primeiras, mas também de fazer com que essas sejam executadas corretamente? E, mesmo encontrando tais pessoas, elas seriam aceitas?...

Para instaurar a paz e a harmonia no mundo, é preciso começar pelo começo, e o começo é o próprio homem.[3] A verdadeira sinarquia será instaurada no dia em que cada um de nós se tornar a cabeça, o rei do nosso reino, do nosso povo e, antes de tudo, dos nossos pensamentos, dos nossos sentimentos, de nossas ações. Caso contrário, nós é que seremos escravos de nossas fraquezas e de nossos vícios.

Vocês estão vendo? Mais uma vez, a Árvore sefirótica nos fornece um método de trabalho, nos indica um caminho a seguir, nos ajuda a compreender o que é a verdadeira sinarquia e como realizá-la.

Notas

1. Cf. *Vie et travail à l'École divine* [Vida e trabalho na Escola divina], Obras completas, t. 31, cap. IX: "Hiérachie et liberté" [Hierarquia e liberdade].
2. Cf. *Le zodiaque, clé de l'homme et de l'univers* [O zodíaco, chave do homem e do universo], Col. Izvor nº 220, cap. I: "L'enceinte du zodiaque" [O cinturão zodiacal].

3. Cf. "*Vous êtes des dieux*" [Vocês são deuses], II Parte, cap. 7: "Bienheureux ceux qui apportent la paix" [Bem-aventurados aqueles que trazem a paz].

XIV

IESOD: OS FUNDAMENTOS DA VIDA ESPIRITUAL

1

QUANTAS PESSOAS ME procuraram na esperança de que eu lhes desse os meios para desenvolver facilmente faculdades psíquicas, obter poderes mágicos etc. E quando eu lhes dizia que o método mais eficaz para desenvolver tais faculdades e obter tais poderes era o de purificar-se, fazer toda uma limpeza interior, elas me deixavam, e que desprezo! Aquilo que eu dizia parecia-lhes, evidentemente, pueril demais. E elas iam para outro lugar, pensando que acabariam por encontrar aquilo que procuravam. Claro, encontravam alguma coisa, mas o quê? É melhor nem falarmos nisso. Então, vocês, pelo menos, tentem compreender que a pureza é o meio mais eficaz para alcançar verdadeiras realizações espirituais. Pois, uma vez o caminho desimpedido, as correntes celestes já não encontram mais obstáculos, chegam até vocês e dão o que pedirem.

Infelizmente, a maioria daqueles que procuram a espiritualidade imagina que um ensinamento iniciático lhes trará as satisfações e os sucessos que não conseguiram obter por outros meios. Não, ele não fará isso e se tentarem alcançar seus fins utilizando as ciências ocultas, pagarão muito caro. Se eu conseguir pelo menos fazer com que vocês entendam isso, poderei considerar que cumpri grande parte de minha tarefa.

Durante um ano, realizei todo um ciclo de conferências sobre a pureza, tomando como ponto de partida a sephira *Iesod*, para mostrar o quanto esse assunto é amplo e vasto; ele abrange áreas sobre as quais nós não estamos acostumados a pensar.[1] Todo mundo conhece os inconvenientes que tubulações entupidas, janelas sujas, lentes de óculos embaçadas acarretam. Mas bem poucos pensam que mantêm os mesmos inconvenientes dentro de si mesmos: pensamentos, sentimentos, desejos que são como manchas, poeiras e detritos que obstruem os canais espirituais, impedindo a luz divina de chegar até eles e penetrá-los. Vocês não podem empreender nada de sólido e de seguro na vida espiritual, sem anteriormente terem trabalhado com a pureza.

Mas não pensem que, se eu insisto tanto sobre a pureza, é porque é preciso dedicar-se exclusivamente a ela e não procurar nada além. Não, eu insisto porque a pureza é a base – o nome de *Iesod* significa base, fundamento. Ora, o papel de uma base é de suportar todo o edifício. Na Árvore da Vida, existem todas as outras sephiroth que representam as virtudes e sobre as quais o discípulo deve aprender a trabalhar, mas o trabalho com *Iesod*, a base, representa as condições a serem preenchidas para ele poder começar a instruir-se e criar no mundo espiritual.

Por que a sephira *Iesod* representa a base da vida espiritual? Porque com ela começa o mundo psíquico. Nós já vimos isso quando estudamos as quatro divisões da Árvore sefirótica:

- *Atsiluth*: as sephiroth *Kether*, *Hohmah*, *Binah*, correspondendo ao mundo divino.
- *Briah:* as sephiroth *Hessed*, *Gueburah*, *Tiphereth*, correspondendo ao mundo espiritual.
- *Ietsirah:* as sephiroth *Hod*, *Netsah* e *Iesod*, correspondendo ao mundo psíquico.
- *Assiah: Malhouth*, correspondendo ao mundo físico.

Assim que saímos de *Malhouth*, o mundo físico, entramos no mundo psíquico do qual *Iesod* é a primeira etapa. Como todas as outras sephiroth, *Iesod* é hierarquizada e sua parte inferior corresponde à Lua, que, na psicologia, representa o mundo do inconsciente, dos instintos, da imaginação, das ilusões. É essencial que o homem se torne senhor deste mundo para introduzir nele ordem e clareza.[2] E é isso que significa purificar-se. Só isso. Sim, purificar-se é, antes de tudo, ser capaz de discernir a natureza dos movimentos de sua própria vida interior, de analisar seus pensamentos, seus sentimentos, seus desejos, seus projetos, e de trabalhar para torná-los mais desinteressados, mais generosos.

Apesar dessas explicações, eu bem sei que muitos fecharão os ouvidos: e para justificar-se alegarão que pureza significa estreiteza, limitações, fanatismo e até mesmo exclusão... que, em nome da pureza, perseguiu-se, massacrou-se, queimou-se. Ah? Muito bem, mas em nome do amor também foram cometidos crimes horrendos, porém será que isso os impede de pronunciar ainda a palavra amor e de continuar a amar?... Vejam só quanta desonestidade! Encontrarão todos os motivos possíveis para não se esforçarem. Sob o pretexto de que a noção de pureza foi frequentemente mal compreendida, vão continuar a chafurdar nas imundícies. Eles estão livres para fazê-lo, mas um dia, verão os efeitos desta maneira errônea de pensar.

Aqueles que não aprenderem a trabalhar com *Iesod* continuarão a tatear no mundo psíquico sem jamais conhecer a realidade do mundo espiritual. Mesmo que eles possuam verdadeiros dons psíquicos, como às vezes acontece, é bom que sai-

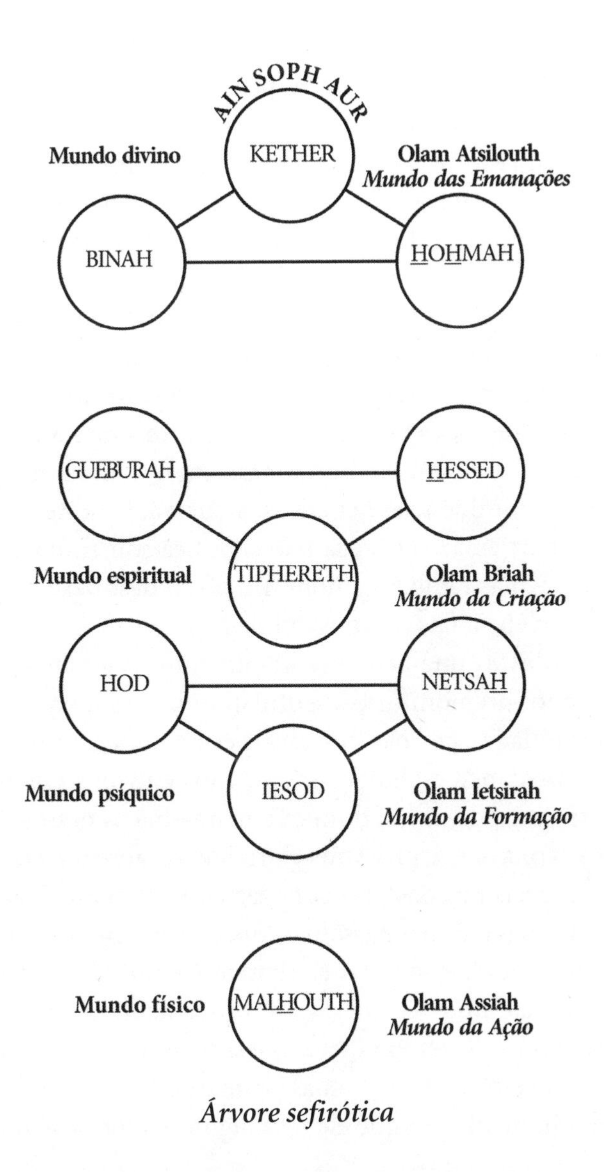

Árvore sefirótica

bam que isso não basta. É preciso compreender de uma vez por todas que o mundo psíquico não é o mundo espiritual e que não basta ter um dom psíquico para exercê-lo corretamente. Os músicos e os pintores mais dotados não conseguirão nada caso não se submetam a uma disciplina, caso não estudem sob a direção de um mestre. Um dom artístico deve ser cultivado e os dons psíquicos também devem ser cultivados. Aquele que possuir um dom desse tipo deve trabalhar unicamente sobre a qualidade que lhe possibilitará enxergar claramente e exercer influências benéficas: a pureza. E, neste caso em particular, a pureza não significa somente a lucidez, mas também a honestidade, o desinteresse, a consciência das responsabilidades.

Mas, o que acontece geralmente? Alguém teve sonhos premonitórios, sentiu que ele mesmo ou determinadas pessoas corriam perigo, antecipou um acontecimento. Então, muito satisfeito por descobrir que possui um dom que maravilha as pessoas à sua volta, ele se proclama clarividente, abre uma loja e aquelas pessoas preocupadas consigo mesmas ou com suas famílias passam a consultá-lo. É assim que, aos poucos, esse novo clarividente começa a distribuir diariamente "mensagens provenientes do Céu". Será que, de vez em quando, ele se pergunta se realmente está à altura de suas pretensões? Não; a partir do momento em que ele teve alguns sonhos premonitórios, algumas intuições corretas, imagina que é capaz de fornecer respostas para todas as questões a qualquer momento, e que nunca erra. Pois, infelizmente, não é assim, e aquele que quiser realmente desenvolver os dons da clarividência deve trabalhar diariamente, com grande vigilância, sobre seu mundo psíquico; senão, ele acabará por encontrar-se numa desordem interior inextricável, se enganará e enganará os outros. Muitos dos que embarcaram sem preparo, sem precaução, no caminho da mediunidade acabaram enlouquecendo.[3]

Esse é o motivo pelo qual as pessoas sensatas ou os cientistas não querem ouvir falar de faculdades e poderes psíquicos: imediatamente, pensam em todos esses charlatães e desequilibrados. Eles têm razão de não aceitar qualquer pessoa, porém não têm razão de se aterem a essas manifestações e se recusarem a ir mais adiante para estudar e compreender o campo da vida psíquica. Isso porque, a essa altura, fixam limites às suas reflexões, às suas investigações e, sob o pretexto de se mostrarem racionais e objetivos, detêm-se na superfície das coisas. Existem alguns cientistas sérios que se interessam pelos fenômenos chamados "parapsíquicos", só que a maioria deles não o divulgam por medo de perder a consideração dos seus colegas. É como os padres e os pastores que acreditam na reencarnação, mas não o dizem porque a reencarnação não é aceita pela Igreja e eles não querem arranjar problemas. Pois bem, eu censuro esses cientistas e esse clero por não cumprirem com suas responsabilidades, pois deixam na obscuridade seres humanos que estão à procura e correm o risco de se perderem.

Nada, contudo, poderá impedir as pessoas de quererem encontrar algo diferente do que a ciência oficial e as Igrejas oficiais lhes propõem. Mas elas correm grande perigo de se perderem nas regiões inferiores de *Iesod*. Por isso elas devem adquirir uma boa compreensão da pureza, que é a chave da vida espiritual.

Quando trabalham realmente, profundamente, para purificarem-se, a luz penetra mais facilmente e vocês começam a enxergar mais claramente, a ficar mais lúcidos. As partículas doentias que prejudicam sua saúde são expelidas e vocês se sentem melhor. Aquelas que travam sua vontade são rejeitadas e vocês se tornam mais fortes. Tudo que é tenebroso e obscuro os abandona e, se estavam tristes, a alegria toma conta de vocês. Porque a alegria nada mais é que um aspecto da pureza: quanto mais a pessoa se purifica, mais ela se sente leve, alegre e animada. Na medida em que a impureza acarreta a fermentação, a putrefação, a separação e a morte, quanto mais a pessoa se purifica, mais ela caminha, ao contrário, para a imortalidade. Portanto, a saúde, o poder, o saber, a felicidade e a imortalidade não são nada mais do que diferentes aspectos da pureza. Eis um resumo da Ciência Iniciática; agora, cabe a vocês verificarem isso.

2

No pilar central da Árvore sefirótica, *Iesod* encontra-se acima de *Malhouth*, e *Tiphereth* acima de *Iesod*. Podemos deduzir desta disposição que, para descer até *Malhouth* (a Terra), a luz de *Tiphereth* (o Sol) deve passar por *Iesod* (a Lua). Aqui, *Malhouth* representa simbolicamente o mundo físico, *Iesod*, o mundo psíquico, e *Tiphereth*, o mundo espiritual. Então, o que acontece quando o mundo psíquico não se encontra num estado de pureza que lhe possibilite ser atravessado pela luz do mundo espiritual?...

Infelizmente, é o caso de muitos: eles se queixam de não sentir nenhum benefício de suas práticas espirituais; rezam, meditam, estabelecem uma ligação com o Céu, mas têm a impressão de que isso não os ajuda; continuam indecisos, desorientados, fracos; algumas vezes, até, pensam que a situação está pior do que antes. Acontece simplesmente que essa luz, com a qual eles se esforçam para se vincularem, encontra neles camadas impuras formadas pelos seus pensamentos e sentimentos desordenados, mal dominados. Então, não somente a luz não consegue passar, mas ocorre exatamente o mesmo fenômeno como quando os raios do Sol caem sobre um monte de imundícies: eles aceleram a putrefação.

A luz dos raios do Sol nos ilumina quando passa através de uma janela transparente, mas quando esses raios têm de atravessar camadas de impurezas, eles produzem fermentações acompanhadas de cheiros repugnantes. Se vocês quiserem tornar-se bons receptáculos para a luz divina, tenham o coração como um cristal transparente, caso contrário, já sabem o que podem esperar. Enquanto não estivermos decididos a realizar um verdadeiro trabalho de despojamento, de purificação, é melhor nem nos aproximarmos da luz da Ciência Iniciática. Eu estou avisando, porque será inútil, depois, jogar sobre ela a responsabilidade das perturbações que vão sentir. Será culpa de vocês, exclusivamente de vocês.

Quando tiverem realmente iniciado o trabalho com *Iesod*, a luz de *Tiphereth* circulará em vocês; esta luz lhes possibilitará compreender a realidade das coisas e poderão se orientar corretamente. Enquanto não possuírem esta luz interior, vocês serão obrigados a recorrer aos outros, dependerão deles para conduzir suas vidas; e como não se pode sequer ter certeza de que ideias e julgamentos alheios realmente possam iluminá-los, vocês estarão à mercê de opiniões contraditórias.

A verdadeira riqueza é chegar a possuir essa luz, que lhes possibilitará descobrir a verdade por si mesmos, sem sentirem sempre a necessidade de consultar os outros. Vocês devem estar pensando: "Até mesmo sem ter a necessidade de consultar um Mestre, um Iniciado?" Sim, por que não? Se vocês forem capazes de igualá-los, ou até mesmo de ultrapassá-los, por que não? Claro, levará tempo, será difícil, mas a Inteligência cósmica não escreveu em parte alguma que vocês devam sempre permanecer limitados, dependentes. Jamais se proibiu a um discípulo igualar o seu Mestre ou mesmo ultrapassá-los. O caminho está aberto para vocês e talvez seja até mesmo o único que esteja realmente aberto. Ninguém pode impedi-los de progredirem na luz. Senão, por que Jesus teria dito: "Sede vós, pois, perfeitos, como é perfeito o vosso Pai celeste"?

Para percorrer a região de *Iesod*, mais do que para qualquer outra, o discípulo precisa de um guia. Mas, depois de ter passado por *Iesod*, o caminho está livre e ele pode avançar sozinho, já que chegou às regiões da luz que dá a clarividência verdadeira.

Não se enganem, a verdadeira clarividência é a que possibilita ver a realidade do mundo espiritual, isto é, captar e compreender o que existe de mais sutil na natureza e na alma humana. A outra clarividência, que consiste em ver acontecimentos passados ou futuros, ou então os espíritos do mundo astral, nada tem de extraordinário. Todo mundo, ou quase, pode adquiri-la por meio de determinados exercícios ou pelo uso de drogas, porém esses meios não levam muito longe e até mesmo apresentam grandes perigos para o psiquismo. A única clarividência a ser buscada é a que pode transformá-los num prisma de cristal que deixe passar a luz do Céu. É dessa clarividência que Jesus falava quando dizia: "Bem-aventurados os limpos de coração, porque eles verão Deus."[4]

Na sephira *Iesod*, Deus é chamado *El Hai*, isto é, Deus vivo. Portanto, em *Iesod*, Deus manifesta-se como criador e distribuidor da vida, mas da mais pura vida, a que vem do alto, da Fonte, a vida que brota, limpa e purifica tudo no seu caminho, já que o primeiro trabalho da vida é justamente o de rejeitar os elementos impuros que se opõem ao seu *élan*.

E como Deus está presente em todas as sephiroth, "ver Deus" significa também receber as bênçãos de todas as sephiroth, a ciência de *Hod*, a graça de *Netsah*, os esplendores de *Tiphereth*, a força de *Gueburah*, a generosidade de *Hohmah*, a estabilidade de *Binah* e, por fim, a potência suprema de *Kether*. Cada sephira corresponde a uma virtude divina e vocês podem trabalhar seja com uma, seja com outra, mas tendo a perfeita consciência de que não obterão nada se não tiverem inicialmente trabalhado com *Iesod*. Todos aqueles que querem obter as qualidades e os poderes das outras sephiroth sem ter anteriormente realizado um trabalho com *Iesod* acabam sendo parados e ficam estagnados nos pântanos do plano astral onde não encontram nada senão ilusões, decepções e tormentos.

Então, decidam-se a colocar a pureza na base de suas existências, antes do saber, antes da riqueza, antes do poder e, um dia, vocês terão mais que esse saber, mais que essa riqueza, mais que esses poderes. Isso aconteceu no passado, com homens e mulheres que não haviam lido nenhum livro, que jamais haviam estudado; eles trabalhavam somente com a pureza e, um dia, começaram a manifestar todas as outras qualidades: a sabedoria, a clarividência, o poder de curar... Já que não havia neles mais nenhuma camada opaca, não havia mais filtros, todas as riquezas do Céu podiam penetrá-los.

Iesod é o começo da vida psíquica e, neste sentido, pode-se dizer que a magia começa com a sephira *Iesod*. A verdadeira magia está dentro dos nossos pensamentos, dos nossos sentimentos. Nós não precisamos de varinha mágica, de pentagramas, ou de talismãs; todos os nossos poderes mágicos encontram-se na potência da vida psíquica e por isto a Lua, que pertence à esfera de *Iesod*, é o astro da magia.[5] Aquele que quiser possuir a verdadeira força mágica deve começar por purificar seu mundo psíquico. É preciso compreender a pureza como a maior força mágica, pois é através de *Iesod* que penetraremos os Mistérios.

Notas

1. Cf. *Les mystères de Iésod – les fondements de la vie spirituelle* [Os mistérios de Iesod – os fundamentos da vida espiritual], Obras completas, t. 7.
2. Cf. *Regards sur l'invisible* [Olhares sobre o invisível], Col. Izvor nº 228, cap. III: "L'accès au monde invisible: de Iésod à Tiphéreth" [O acesso ao mundo invisível: de Iesod a Tiphereth].
3. Op. cit., cap. V: "Faut-il consulter des clairvoyants?" [É necessário consultar clarividentes?], cap. IX: "Les degrés supérieurs de la clairvoyance" [Os graus superiores da clarividência].
4. Cf. *Les mystères de Iésod – les fondements de la vie spirituelle* [Os mistérios de Iesod – os fundamentos da vida espiritual], Obras completas, t. 7, Parte II, cap. X: "Bienheureux les coeurs purs..." [Bem-aventurados os limpos de coração...]; *Regards sur l'invisible* [Olhar sobre o invisível], Col. Izvor nº 228, cap. XI: "La vision de Dieu" [A visão de Deus].
5. Cf. *Le Livre de la Magie divine* [O Livro da Magia divina], Col. Izvor nº 226, cap. VII: "La lune, astre de la magie" [A lua, astro da magia].

XV

BINAH

1
As leis do destino

BINAH É A primeira sephira sobre o pilar esquerdo da Árvore sefirótica, o Pilar da Severidade, chamado Boaz, que representa o princípio feminino da criação. Deus manifesta-se ali sob o nome de *Jehovah*. Ele é o Deus terrível que se revelou a Moisés. Todo o Antigo Testamento ressoa com sua ira, com suas ameaças e com maldições que deviam atingir os humanos até a quarta geração. É a esse fogo devorador que os hebreus ofereciam incessantemente sacrifícios de animais, para apaziguá-Lo; e Moisés, bem como todos os patriarcas e profetas, dirigia-lhe súplicas para afastar os castigos com os quais Ele ameaçava o povo.

Vocês devem estar se perguntando: "Mas, como é que esse Deus terrível pode ser uma potência feminina?" Porque essa potência feminina é a natureza.

Compreenderão melhor essa ideia se pensarem no que a natureza realmente é: uma mãe implacável. A natureza criou leis e, caso vocês as transgridam, serão punidos de uma maneira ou de outra; e, inclusive, por via das consequências, essa punição atingirá seus filhos e seus netos. Pois é, na realidade, tudo isso é muito fácil de entender. Tomemos um exemplo dentre os mais conhecidos: o alcoolismo. Para conservar a saúde física e psíquica, o homem não deve absorver mais do que uma quantidade limitada de álcool. Se ele se excede na medida, vocês conhecem as consequências – é inútil entrar em detalhes – ele transmite à sua descendência uma herança pesada. O mesmo acontece com os outros excessos, com as outras transgressões.

Independentemente do que fizermos, independentemente de quão avançadas sejam as ciências e as técnicas médicas, se o homem não for sensato, se ele não respeitar determinadas leis, sofrerá de uma maneira ou de outra e causará sofrimentos outros. Quantas pessoas ficaram indignadas com a crueldade de um Deus que punia não somente aquele que havia transgredido as suas leis, porém também a sua descendência! Pois bem, agora, ficou claro: esse Deus é a natureza; já que a natureza não está fora de Deus, ela não está separada de Deus. Deus é essa mãe severa que impõe aos seus filhos limites que não devem ser ultrapassados. Caso eles os ultrapassem, diz-se que ela os pune. Mas não, foram eles que saíram do recinto em que estavam abrigados e protegidos e, ao saírem, criaram más condições para si e para todos aqueles que dependiam deles.

Talvez vocês aleguem: "Mas essa imagem de mãe não é igual à que nós temos. Pelo contrário, uma mãe é amorosa, indulgente etc.; é do pai que vem severidade." Vocês não observaram bem, e nem pensaram o suficiente. Qual é o papel da mãe na relação com a criança pequena? Ela a alimenta, claro, mas lhe ensina assim que possível o que deve ou não fazer para se desenvolver corretamente: ela lhe dá regras de nutrição, de higiene, de prudência; ela a priva, retém, impede de aproximar-se demais do fogo ou da água, tira-lhe das mãos os fósforos e os objetos cortantes, esconde as balas e a geleia caso tenha tendência a abusar delas. De vez em quando ela deixa-a agir por conta própria, vigiando-a e, se a criança cai ou se machuca, a mãe lhe diz: "Tá vendo, cuidado para não fazer mais isso, senão você vai se machucar de novo." E, quando ela realmente exagera e faz pirraças, a mãe a castiga.

O papel da mãe na relação com a criança pequena é, num outro plano, o mesmo que o da natureza em relação ao ser humano. Alguns dirão: "Mas eu vi alguns pais exercerem este papel na vida da criança, porque as mães..." Eu também já vi isso, mas estou falando aqui de princípios e não de casos isolados. No nível dos princípios, é a mãe que desempenha o papel da natureza na educação da criança pequena. Assim devemos entender o papel da Mãe cósmica, que se manifesta na sephira *Binah* sob o aspecto de *Jehovah.*

É a sephira *Binah* que nos revela os mistérios do destino, ela nos ilumina com respeito à lei das causas e consequências. Quantas pessoas pensam que a existência é absurda, que não há nenhuma lógica nos acontecimentos e no destino dos seres! Isso acontece unicamente porque lhes faltam elementos para ver e compreender. Esses elementos se encontram em *Binah*, onde atua a hierarquia angélica dos *Aralim* (os Tronos), que São João viu sob a forma de 24 Anciãos.[1] Eles também são chamados de Senhores dos destinos, porque determinam o destino de cada ser de acordo com seus méritos, segundo a vida que levou durante suas encarnações precedentes; seus decretos são executados pelos anjos das seguintes sephiroth: os anjos de *Hessed*, os *Haschmalin*, trazem as recompensas, e os anjos de *Gueburah*, os *Seraphim*, os castigos.[2]

O que é o destino? Trata-se de uma forma arquetípica, e cada um vive sua existência de acordo com a forma que recebeu do destino. São os 24 Anciãos que decidem sobre estas formas. Os 24 Anciãos representam o tribunal divino que edita os decretos que concernem às formas dos destinos, e as formas físicas que vemos sobre a Terra são o reflexo longínquo das formas decretadas no alto. Uma dessas formas arquetípicas é projetada dentro da mulher grávida e é a partir desta forma que ela deverá trabalhar. Uma vez as formas decretadas, nada mais pode modificálas, elas descem na matéria e se realizam nela.

Portanto, para poder modificar o destino, é preciso mudar os arquétipos, senão, nada feito. Podemos consultar astrólogos para tomar precauções e escapar das provações e dificuldades, mas de nada adiantará, pois tudo está previsto para que "o que está escrito" aconteça. Para mudar os decretos, seria necessário podermos atingir as regiões além de *Binah*, isto é, além do destino, as regiões de *H̲oh̲mah* e de *Kether*. Isso é possível, existiram seres excepcionais cujas virtudes os libertaram das leis do destino. Mas, quanto trabalho antes de chegar lá! Para nós, o único meio de cativar os Senhores dos destinos é aceitar seus decretos com humildade e amor, sabendo que são justos, porque são a consequência de nossas encarnações passadas. O mais sábio é considerar as dificuldades e as provações desta existência como problemas a serem resolvidos, sabendo que eles representam a melhor maneira de evoluirmos.

O caráter inflexível de *Binah* pode ser reencontrado no simbolismo de Saturno, representado como um ancião ou às vezes como um esqueleto armado de uma foice. A foice de Saturno é o tempo que tudo destrói, e o esqueleto é o que resiste ao tempo: a eternidade. Assim, Saturno representa os dois aspectos. Para além da carne, isto é, do mundo das aparências que o tempo (a foice) não cessa de destruir, encontra-se o esqueleto indestrutível: a eternidade. Mas quantas reflexões, quantas meditações para chegar a esta compreensão das coisas que possibilita passar do tempo à eternidade!

Saturno fala pouco e ouve muito, porque saber ouvir e escutar caminha junto com a compreensão. Inclusive, este é o sentido da palavra "entendimento". Aquele que sabe escutar está sempre no caminho da compreensão. Pode-se dizer que o entendimento é a compreensão daquilo que escutamos. A qualidade de Saturno é saber escutar, e não somente escutar o que nos dizem os sábios ou os ruídos da natureza, mas perceber algo a mais: a voz interior. Então, tudo que há de mais sutil, tudo que vem da profundeza do ser, a voz da intuição, a voz de Deus, a voz do silêncio, como se diz, chega até nós.[3] Este é o motivo pelo qual os verdadeiros saturnianos gostam muito de se afastar do barulho em locais isolados para escutar a voz do silêncio, que lhes possibilita libertar-se das leis do tempo para entrar na eternidade.

2
O território da estabilidade

Mesmo para aqueles que abraçaram a vida espiritual, é difícil alcançar um nível de consciência superior e, sobretudo, de se manter nele. Num determinado dia, eles obtêm uma vitória e, no dia seguinte, baixam um pouco a guarda... É quase impossível atingir algo estável, definitivo. A estabilidade é o cume da Iniciação, o momento em que o discípulo pode finalmente dizer, como o hierofante do antigo Egito: "Eu sou estável, filho de estável, concebido e engendrado dentro do território da estabilidade." O território da estabilidade é *Binah*, a região dos 24 Anciãos.

Em que consiste a estabilidade? Em não mais ser abalado pelo mal. E, para não ser abalado pelo mal, é preciso escapar dele, elevando-se até as regiões onde ele já não pode mais ser ativo. Vocês perguntarão: "Mas essas regiões existem?" Elas existem sim, existem dentro de vocês mesmos, como existem no universo. Só que vocês não se deram conta disso porque não cultivam muito o hábito de se observarem. Nunca ficaram surpresos ao perceber que determinados acontecimentos que, num certo momento, haviam deixado vocês tristes e desencorajados, quando se reproduzem em outras circunstâncias já não abalam mais vocês? Por quê? Será que vocês perderam toda e qualquer sensibilidade? Não, mas conseguiram se elevar a um nível de consciência em que eles já não podem atingir. Esta é a prova de que existem regiões dentro do homem em que o mal não consegue atuar.

Na Cabala, se diz que a serpente pode subir até determinadas sephiroth, mas que ela jamais pode atingir a região formada pelas três sephiroth *Kether, Hohmah* e *Binah.* E, como fomos criados à imagem do universo, também existe em nós mesmos uma região onde o mal já não encontra condições favoráveis para atuar. Tamanha luz e tamanha intensidade de vibrações reinam nas regiões sublimes do nosso ser e do universo, que tudo o que não estiver em harmonia com esta pureza, com esta luz, é desagregado. O mal não possui nenhum direito de existir nas regiões sublimes, e ele é rechaçado; ele pode existir somente nas regiões inferiores, onde pode passear à vontade, fazendo estragos e tornando as pessoas infelizes; e isso ocorre porque nessas camadas inferiores da matéria, todas as condições lhe são favoráveis. Portanto, de acordo com a região na qual vocês se encontrarem, serão ou não atingidos pelo mal. É o que a Iniciação nos ensina. E é também o que Jesus quis expressar de outra maneira, quando nos disse para construir nossa casa sobre a rocha.[4] A rocha é, simbolicamente, a região interior que a filosofia hindu chama de plano causal e que está situada além dos planos astral e mental, além dos pensamentos e dos sentimentos ordinários.

Os 24 Anciãos do Apocalipse de que fala São João ("Havia também ao redor do trono vinte e quatro tronos: e sobre os tronos vi assentados vinte e quatro anciãos, vestidos de branco") estão instalados sobre rochas que nada pode abalar. A estabilidade é a essência do próprio Deus. Deus é por essência imutável, imutável em seu amor, em sua sabedoria e em sua potência.

Se vocês quiserem se aproximar desta estabilidade dos 24 Anciãos, jamais abandonem seu alto ideal. A partir do momento em que decidiram seguir pelo caminho da luz, independentemente do que acontecer, mantenham sempre esta orientação. Quanto a tudo o mais, vocês podem mudar, mas jamais abandonem sua orientação divina. Entendam bem isto: estabilidade não significa imobilidade. Se vocês encontrarem um Mestre de verdade, nunca o verão permanecer imóvel como um ídolo, esperando que se lhe beije as mãos ou os pés. Pelo contrário, ele se deslocará, e até mesmo mais que os outros, para visitar aqueles que precisam dele, para instruí-los, curá-los. É internamente, em suas convicções, que ele permanece estável, e ninguém pode seduzi-lo com riquezas ou honrarias.

Ser estável é ser fiel aos seus compromissos e persistir no caminho apesar de tudo. E isso é difícil, mais difícil do que ser gentil, obsequioso, amável, generoso e corajoso. Quando estamos bem dispostos, damos a nossa palavra, fazemos promessas, porém, alguns dias depois, nos encontramos num outro estado de espírito em que já sequer nos lembramos do que prometemos. Pois bem, não é assim que obteremos o acesso à verdadeira potência da região de *Binah.*

Na verdade, os seres humanos não gostam muito de ouvir falar em fidelidade, em estabilidade. Ah, como é chato, como é difícil! Pois bem, então saibam que este modo de pensar torna essas virtudes ainda mais maçantes e ainda mais difíceis de serem conquistadas. Possuir uma ou outra qualidade depende de vocês. Por quê? Porque são vocês que, não gostando de uma coisa, não a atraem para si. Não gostam de ser fiéis, amam a mudança, e como querem que a estabilidade venha instalar-se dentro de vocês? Quando analiso os fatos, constato que são os próprios humanos que rejeitam tal ou tal virtude, ao não gostar dela. Para atrair algo, é preciso gostar desse algo! Eis o lado mágico. Antes de tentar obter qualquer coisa, tentem primeiramente gostar dela, caso contrário, independentemente do que façam, não conseguirão obtê-la. É essencial conhecer essa lei.

Então, procurem ter amor pela estabilidade. Tentem se tornar mais fiéis em relação ao seu ideal, não o traia jamais, sob pretexto algum, senão perderão a confiança de todos os grandes Espíritos que observam vocês. Eles não os estimarão mais, não os apreciarão mais, não os apoiarão mais. E, abandonados aos seus próprios recursos, vocês não poderão realizar muita coisa. É possível gostar de mudança, não é proibido mudar de atividade, mas não se deve mudar de direção, não se deve abandonar seu alto ideal. Podemos ser favoráveis à diversidade exterior, mas devemos manter a unidade interior.[5]

Notas

1. Cr. *Approche de la Cité céleste – commentaires de l'Apocalypse* [Abordagem da Cidade celeste – comentários ao Apocalipse], Col. Izvor nº 230, cap. VII: "Les vingt-quatre Vieillards et les quatre animaux saints" [Os 24 Anciãos e os quatro Animais santos].
2. Cf. *La Balance cosmique. Le nombre 2* [A Balança cósmica. O número 2], Col. Izvor nº 237, cap. XI: "La triade Kéther-Hessed-Guébourah" [A tríade Kether-Hessed-Gueburah].
3. Cf. *La voie du silence* [A via do silêncio], Col. Izvor nº 229, cap. XII: "Voix du silence, voix de Dieu" [Voz do silêncio, voz de Deus].
4. Cf. *"Et il me montra un fleuve d'eau de la vie"* [E ele me mostrou um rio de água da vida], Parte VIII, cap. 2: "La maison sur le roc. Le pouvoir de la pensée" [A casa sobre a rocha. O poder do pensamento].
5. Cf. *"En esprit et en vérité* [Em espírito e em verdade], Col. Izvor nº 235, cap. V: "De la multiplicité à l'unité" [Da multiplicidade à unidade].

XVI

HOHMAH: O VERBO CRIADOR

"No princípio era o Verbo...". Esta primeira frase do Evangelho de São João suscitou inúmeros comentários. Evidentemente, é impossível representar exatamente o que significa dizer que Deus criou o mundo através do Verbo. Porém, na medida em que o que existe embaixo é como o que existe em cima, na medida em que fomos criados à imagem de Deus e do universo, podemos ter algumas noções do que são os poderes do Verbo ao estudar o que são, para nós, os poderes da palavra: a palavra pronunciada (os sons) e a palavra escrita (as letras).[1]

Um general lança a ordem de atacar. Ele grita: "Fogo!" e, em poucos minutos, não resta mais nada daquilo que era uma cidade magnífica. Ele próprio não fez nada, somente pronunciou uma palavra; mas que potência estava contida naquela palavra! Ou então, um homem ou uma mulher que é muito importante para vocês, mas cujos verdadeiros sentimentos vocês ainda desconhecem, lhes escreve um dia estas simples palavras: "Eu te amo", e eis que a vida se ilumina repentinamente! Não obstante, nada mudou, entretanto, tudo mudou.

Toda a existência está aí para demonstrar os poderes da palavra. E mais, vamos além. Por que vocês acham que as pessoas falam, na maior parte do tempo? Para exercer o seu poder. E mesmo quando elas parecem dar explicações, informações, frequentemente não o fazem para explicar ou informar; ao falar, ou ao escrever, elas querem, sobretudo, produzir determinados efeitos: suscitar a raiva, o ódio, ou então adormecer a desconfiança. E vocês não fazem o mesmo às vezes? Pois é, vou deixar que vocês reflitam sobre tudo isso.

E agora, retornemos à primeira frase do Evangelho de São João: "No princípio era o Verbo". Os seres humanos evitariam muitas dificuldades e muitos sofrimentos, se soubessem como aplicar esta frase. Vocês dirão: "Mas, como? Ela é tão abstrata, tão difícil de entender, como é que podemos aplicá-la?" Bem, é justamente porque vocês não procuram aplicá-la que ela permanece abstrata e difícil de entender. "Mas, então, o que devemos fazer?" Simplesmente acompanhar todas as suas ações com o Verbo.

Tomemos alguns casos bem simples da vida cotidiana. Quando vocês limparem as janelas, por exemplo, em vez de executar esta tarefa deixando o seu pensamento correr a esmo sobre qualquer pessoa ou qualquer coisa, estejam conscientes de seus gestos e digam: "Assim como eu lavo esta janela, que o meu coração seja lavado e se torne transparente." O mesmo quando estiverem varrendo, ou lavando a louça, ou tirando o pó... E quando vocês deixarem cair um objeto e ele se quebrar, digam: "Que todos os obstáculos que se erguem no meu caminho em direção a Deus sejam estilhaçados em mil pedaços!"

Claro que não é necessário dizer isso tudo em voz alta, especialmente se alguém puder ouvi-los. O importante é vocês estarem conscientes, isto é, aplicarem seu pensamento – e pensamento subentende necessariamente palavras – a tudo o que vocês estiverem fazendo para se tornar criadores. Eis o que deve ser para o espiritualista o significado de "No princípio era o Verbo... E sem ele nada do que foi feito se fez." É preciso sempre colocar o Verbo no princípio para dar uma orientação às atividades. Contudo, esta é uma noção que até mesmo os fiéis não compreenderam ainda muito bem. Vocês vão pensar: "Mas eles recitam orações várias vezes por dia!" Pois é, orações prontinhas que eles aprenderam de cor e que eles murmuram pensando em outras coisas, justamente. Não é necessário recitar muitas orações de cor. Para os cristãos, o "Pai-nosso"[2] e mais duas ou três bastam. Depois, cabe a cada um encontrar quais palavras pronunciar interiormente à medida que aparecerem novas ocasiões, novos acontecimentos em sua vida. Não há melhor maneira de compreender o que significa a onipotência do Verbo.

Quando o vento sopra afugentando as nuvens e as impurezas da atmosfera, peçam ao sopro do espírito para afugentar os seus pensamentos e sentimentos ruins. E quando vocês virem o sol nascer, de manhã, digam: "Assim como esse sol nasce e se eleva sobre o mundo, que o sol do amor nasça e se eleve em meu coração, que o sol da sabedoria nasça e se eleve em minha inteligência e que o sol da verdade nasça e se eleve na minha alma e no meu espírito." Eis como se tornarão verdadeiros filhos de Deus: pelo Verbo. Porque o Verbo é vivo e ativo, ele tem o poder de transformar vocês.

Quando começarem a compreender o que significa "No princípio era o Verbo", vocês também compreenderão porque está dito que "No princípio Deus criou o Céu e a Terra" e o que existe por detrás destas palavras, quais são as relações entre as duas e como se deve trabalhar com elas. O Céu e a Terra estão dentro de nós e enquanto não vinculamos o Céu, nosso pensamento, com a Terra, nossas atividades cotidianas, não saberemos o que é o Verbo, o Verbo vivo.[3]

Notas

1. Cf. *La voie du silence* [A via do silêncio], Col. Izvor nº 229, cap. X: "Le Verbe et la parole" [O Verbo e a palavra].
2. Cf. *"Notre Père"* [Pai-nosso], Brochura nº 313.
3. Cf. *Les fruits de l'Arbre de Vie. La tradition kabbalistique* [Os frutos da Árvore da Vida. A tradição cabalística], Obras completas, t. 32, cap. XI: "Le Verbe vivant" [O Verbo vivo].

XVII

IESOD, TIPHERETH, KETHER: A SUBLIMAÇÃO DA FORÇA SEXUAL

Na sephira *Iesod*, Deus tem o nome de *Chadai El* Hai, e *El Hai*, como já vimos, significa Deus vivo. *Iesod* é a única sephira na qual este atributo divino está mencionado: a vida. Subentendido nas outras, claro, ali ele está posto em evidência. E, já que é o próprio Deus que leva este nome de "vivo", isso significa que a vida em *Iesod* é da maior pureza. *Iesod*, o fundamento, é a sephira da vida pura e, dentro do esquema do homem cósmico, Adão Kadmon, ela representa os órgãos genitais: porque são esses órgãos, justamente, que criam a vida.

Embora sejamos obrigados a constatar que, em sua vida sexual, os seres humanos não se preocupam muito com a pureza, a verdade é esta: a Inteligência cósmica decretou que a pureza de *Iesod* deve manifestar-se através dos órgãos sexuais.

Hoje em dia, fala-se na "liberalização dos costumes" como sendo um grande progresso e, efetivamente, ela poderia ter sido um progresso. Porém, o que se vê atualmente não é um progresso, e sim uma degringolada. Essa tendência que as pessoas apresentam cada vez mais de terem relações sexuais só porque não encontram nada melhor para passar o tempo e sentir prazer é algo muito prejudicial para a evolução. Elas mal acabaram de se encontrar, não se conhecem, não se amam, mas fazem amor... por falta do que fazer, como se não se tratasse de algo mais importante do que jogar baralho! E então, como depois de um jogo de baralho, separam-se para recomeçar no dia seguinte com outras pessoas. Isso é muito grave, não por elas desobedecerem regras inventadas por alguns moralistas; é para elas que isso é grave, é a si mesmas que elas prejudicam, não à moral, nem aos moralistas. O ato sexual em si não possui nada de repreensível, mesmo que não tenha como objetivo a procriação, mas é preciso conhecer todas as entidades e as forças presentes nesse ato, para atribuir-lhe um significado e uma orientação divinos.[1]

Todos aqueles que praticam o ato sexual unicamente pelo prazer não somente desperdiçam suas energias, mas também alimentam com elas as entidades do plano astral inferior. O homem e a mulher imaginam estarem a sós apenas porque estão trancados em algum quarto. Nada disso. Existem, no mundo invisível, entidades que assistem e que se alimentam de suas emanações. Se eles se deixam levar unicamente pela sensualidade, as larvas e os elementais são os que vêm alimentar-se às suas custas. Já no caso daqueles que se preparam com a consciência de estar cumprindo um ato sagrado, são os espíritos da luz que vêm alimentar-se e trazer suas bênçãos. Sabendo disso, os discípulos de uma Escola iniciática convidam os espíritos celestiais, pedindo-lhes para iluminá-los a fim de serem capazes de sublimar os gestos que irão fazer.

As entidades que possuem o segredo da sublimação da força sexual são os *Malahim*, os anjos de *Tiphereth*, o Sol. No ser humano, a energia sexual tem a mesma natureza que a energia solar; mas ele não sabe disso e, ao desperdiçá-la, ao utilizá-la unicamente para saciar as suas paixões, ele se avilta. No dia em que os homens e as mulheres tiverem consciência de que essa força é impregnada com a luz do Sol, eles caminharão no caminho da santidade, eles se aproximarão da sephira *Kether*, onde os Serafins não param de cantar: "Santo, Santo, Santo é o Senhor Deus Todo-Poderoso". E é então que eles começarão a fazer a experiência do verdadeiro amor, o dos Serafins.

O caminho da sublimação da força sexual corre de *Iesod* a *Kether*, passando por *Tiphereth*. Na extremidade superior do pilar central, a santidade de *Kether*, que é a cabeça coroada, tem sua origem na pureza de *Iesod*, os órgãos sexuais. A santidade de *Kether* é a energia sexual que o discípulo se esforça para sublimar graças aos poderes de *Tiphereth*, até que ela chegue a manifestar-se no alto, acima de sua cabeça, como uma luz de ouro. Sim, este é o objetivo da Iniciação: ser capaz de dominar uma força bruta que nos arrasta para baixo, fazê-la mudar de direção e trabalhar nessa quintessência até transformá-la em uma aura de luz.[2] O verdadeiro Iniciado é, portanto, aquele que realizou em si mesmo a pureza de *Iesod*, graças aos poderes de *Tiphereth*. Ele possui os mesmos órgãos que todos os homens e esses órgãos fabricam a mesma matéria, mas esta matéria sublimada eleva-se para alimentar todos os seus centros espirituais no alto e projeta-se acima dele como raios de luz.

Essas verdades eram ensinadas aos discípulos nas Iniciações antigas. Mas, naquela época, exigiam-se anos de estudo e de trabalho daquele que desejava ter acesso aos mistérios; e muitos sequer eram admitidos. Por isso, eu peço a vocês pelo menos que tenham consciência do valor desses conhecimentos que estão recebendo, e agradeçam ao Céu.

Notas

1. Cf. *La force sexuelle ou le Dragon ailé* [A força sexual ou o Dragão alado], Col. Izvor nº 205.
2. Cf. *Centres et corps subtils – aura, plexus solaire, centre Hara, chakras* [Centros e corpos sutis – aura, plexo solar, centro Hara, chacras], Col. Izvor nº 219, cap. V: "La force Kundalinni" [A força Kundalini], cap. VI: "Les chakras: 1. Le système des chakras. 2. Ajna et Sahasrara chakras" [Os chacras: 1. O sistema de chacras. 2. Ajna e Sahasrara chacras].

XVIII

A ORAÇÃO DE SALOMÃO

Alguns de vocês me pediram para dizer a Oração de Salomão, pois nunca a ouviram antes. Evidentemente, posso fazê-lo; como algumas vezes no passado, em circunstâncias excepcionais, mas antes direi o seguinte.

Nos dias de hoje, em que o esoterismo e as ciências ocultas viraram moda, cada vez mais conhecimentos que haviam permanecido escondidos durante séculos a fio estão ao alcance de todos. No passado, eles eram transmitidos apenas para aqueles que demonstravam ser dignos deles, mas, agora, são exibidos em plena luz do dia. E não somente são exibidos em plena luz do dia, mas também são apresentados de forma misturada, sem distinção entre o verdadeiro e o falso, o bom e o mau, a magia branca e a magia negra, sem ensinar às pessoas a diferenciarem entre os dois lados e sem alertá-las dos terríveis perigos que correm ao se lançar cegamente em qualquer estudo ou em qualquer prática. Então, tomem muito cuidado![1]

Esta oração, chamada de Oração de Salomão, é muito poderosa devido a todos os nomes divinos que são invocados nela e não pode ser recitada sem tomar algumas precauções. Para dirigir a palavra às sephiroth, às hierarquias angélicas e a Deus sem perigo, pronunciando os seus nomes em voz alta, é preciso ter realizado anteriormente um grande trabalho sobre si mesmo. E até mesmo para apenas ouvir esses nomes, que são os mais sagrados da Cabala, é necessário colocar-se num estado de grande respeito, de grande recolhimento. É o que peço que vocês façam.

Aqui está a oração:

Potências do Reino, colocai-vos sob meu pé esquerdo e em minha mão direita.
Glória e Eternidade, tocai meus dois ombros e levai-me pelos caminhos da Vitória.
Misericórdia e Justiça, sede o equilíbrio e o esplendor de minha vida.
Inteligência e Sabedoria, dai-me a Coroa.
Espíritos de Malhouth, conduzi-me entre as duas colunas sobre as quais se apoia todo o edifício do Templo.
Anjos de Netsah e de Hod, fortalecei-me sobre a pedra cúbica de Iesod.
Ô, Gedulael! Ô, Geburael! Ô, Tiphereth!

Binael, sede meu amor.
Ruah Hohmael, sede a minha luz.
Sede o que sois e o que sereis, ô, Ketheriel.
Ischim, assisti-me em nome de Chadai.
Kerubim, sede minha força em nome de Adonai.
Bnei Elohim, sede meus irmãos em nome do Filho e pelas virtudes de Tsebaoth.
Elohim, combatei por mim em nome do Tetragramaton.
Malahim, protegei-me em nome de Yahvé.
Seraphim, purificai meu amor em nome de Eloha.
Haschmalim, iluminai-me pelo esplendor de Elohim e de Shekina.
Aralim, obrai.
Ophanim, girai e resplandecei.
Hayot-haKodesch, gritai, falai, rugi, mugi.
Kadosch, Kadosch, Kadosch, Chadai, Adonai.
Iod He Vav He.
Ehieh Ascher Ehieh.
Aleluia, Aleluia, Aleluia.
Amém.

Para que essas elevadas entidades possam responder ao seu chamado e trazer-lhes auxílio e luz, é preciso pelo menos que vocês preparem-lhes em si mesmos condições favoráveis: paz e pureza. Pronunciar os seus nomes não basta, e nem mesmo conhecer o momento propício para invocá-las. Para atrair suas bênçãos, é preciso consagrar-se, pôr-se a serviço da Divindade.

Mas, quantos são capazes de abandonar suas preocupações prosaicas para escalar esses cumes? Muito poucos. Por isso frequentemente renuncio a falar para vocês dessas regiões que, no entanto, são as únicas onde me sinto feliz. Muitas vezes, vindo para a sala de conferências, eu penso: "Hoje, vou falar sobre a Árvore da Vida e as hierarquias angélicas..." E, ainda a caminho, pronuncio interiormente os seus nomes. Mas, quando chego e vejo os rostos de vocês, sinto que há coisas tão mais urgentes para dizer-lhes! Como poderia entretê-los com esses assuntos sublimes quando leio em seus olhares o quanto vocês estão envolvidos com as preocupações da vida cotidiana? ...[2]

Mas, hoje, eu pronunciei esses nomes divinos, eles partiram no espaço, as hierarquias gloriosas ouviram que eu as invocava e peço-lhes suas bênçãos para vocês.

Notas

1. Cf. *Le livre de la Magie divine* [O Livro da Magia divina], Col. Izvor nº 226, cap. I: "Le retour des pratiques magiques et leur danger" [A volta das práticas mágicas e seu perigo].
2. Cf. *Règles d'or pour la vie quotidienne* [Regras de ouro para a vida cotidiana], Col. Izvor nº 227.

REFERÊNCIAS BÍBLICAS

“A terra era sem forma e vazia” – Gênesis 1, 2 (p. 63).

“Ainda tenho muito que vos dizer” – João 16, 12 (p. 94).

“Anjo Gabriel enviado por Deus” – Lucas 1, 26-32 (p. 114).

“Bem-aventurados os limpos de coração” – Mateus 5, 8 (p. 134).

Casa sobre a rocha – Lucas 6, 47-49 (p. 144).

“e ao redor do trono, um ao meio de cada lado, quatro animais cheios de olhos” – Apocalipse 4, 2-8 (p. 35).

“Eis que quando eu for aos filhos de Israel” – Êxodo 3, 13 (p. 51).

Elias arrebatado ao céu dentro de um carro de fogo – Reis 2, 1-13 (p. 62).

“Enoc andou com Deus” – Gênesis 5, 24 (p. 62).

“Então houve guerra no céu” – Apocalipse 12, 7 (p. 42).

“Eu pois vos descubro a verdade” – Tobias 12, 11 (p. 109).

"Os montes, como cera, se derretem, na presença do Senhor." – Salmos 97, 5 (p. 16).

"Os sete espíritos que se encontram diante do trono do Senhor" – Apocalipse 1, 4 (p. 107).

Pai-nosso – Mateus 6, 9-13 (p. 151-152).

"Passará o Céu e a Terra" – Lucas 21, 33 (p. 76).

"Porque está certo que logo os seus olhos se abrirão, e teu pai verá a luz" – Tobias 11, 7 (p. 109).

"Porque pelo fruto se conhece a árvore" – Mateus 12, 33 (p. 113).

Quando o Arcanjo Mikhael, disputando com o diabo, altercava sobre o corpo de Moisés – Epístola de São Judas Apóstolo, versículo 9 (p. 113).

"Quando Deus traçava um círculo" – Provérbios 8, 27 (p. 73-80).

Rafael no livro de Tobias – Tobias 5, 12 (p. 108).

"Santo, Santo, Santo" – Apocalipse 4, 8 (p. 36, 37, 157).

"Sede vós, pois, perfeitos, como é perfeito o vosso Pai celeste" – Mateus 5, 48 (p. 46, 133).

Visão de Ezequiel – Ezequiel 1, 4-28 (p. 35).